Chiheb SOULI

La Bibliothèque Universelle

Chiheb SOULI

La Bibliothèque Universelle

entre Google & Europeana

Éditions universitaires européennes

Mentions légales/ Imprint (applicable pour l'Allemagne seulement/ only for Germany)
Information bibliographique publiée par la Deutsche Nationalbibliothek: La Deutsche Nationalbibliothek inscrit cette publication à la Deutsche Nationalbibliografie; des données bibliographiques détaillées sont disponibles sur internet à l'adresse http://dnb.d-nb.de.
Toutes marques et noms de produits mentionnés dans ce livre demeurent sous la protection des marques, des marques déposées et des brevets, et sont des marques ou des marques déposées de leurs détenteurs respectifs. L'utilisation des marques, noms de produits, noms communs, noms commerciaux, descriptions de produits, etc, même sans qu'ils soient mentionnés de façon particulière dans ce livre ne signifie en aucune façon que ces noms peuvent être utilisés sans restriction à l'égard de la législation pour la protection des marques et des marques déposées et pourraient donc être utilisés par quiconque.

Photo de la couverture: www.ingimage.com

Editeur: Éditions universitaires européennes est une marque déposée de Südwestdeutscher Verlag für Hochschulschriften GmbH & Co. KG
Dudweiler Landstr. 99, 66123 Sarrebruck, Allemagne
Téléphone +49 681 37 20 271-1, Fax +49 681 37 20 271-0
Email: info@editions-ue.com

Produit en Allemagne:
Schaltungsdienst Lange o.H.G., Berlin
Books on Demand GmbH, Norderstedt
Reha GmbH, Saarbrücken
Amazon Distribution GmbH, Leipzig
ISBN: 978-613-1-57981-3

Imprint (only for USA, GB)
Bibliographic information published by the Deutsche Nationalbibliothek: The Deutsche Nationalbibliothek lists this publication in the Deutsche Nationalbibliografie; detailed bibliographic data are available in the Internet at http://dnb.d-nb.de.
Any brand names and product names mentioned in this book are subject to trademark, brand or patent protection and are trademarks or registered trademarks of their respective holders. The use of brand names, product names, common names, trade names, product descriptions etc. even without a particular marking in this works is in no way to be construed to mean that such names may be regarded as unrestricted in respect of trademark and brand protection legislation and could thus be used by anyone.

Cover image: www.ingimage.com

Publisher: Éditions universitaires européennes is an imprint of the publishing house Südwestdeutscher Verlag für Hochschulschriften GmbH & Co. KG
Dudweiler Landstr. 99, 66123 Saarbrücken, Germany
Phone +49 681 37 20 271-1, Fax +49 681 37 20 271-0
Email: info@editions-ue.com

Printed in the U.S.A.
Printed in the U.K. by (see last page)
ISBN: 978-613-1-57981-3

Dédicaces

A ma mère et mon père

Geste de gratitude et d'affection

Pour les sacrifices immenses qu'ils m'ont consenties

Grâce à qui j'ai pu réaliser ce travail.

A mes frères

A toute ma famille, la plus large ;

Pour leurs encouragements

et leur soutient moral.

A tous mes amis et collègues sans exception.

A tous ceux que j'aime...

Résumé

Le projet de mise en accès à des millions de livres numérisés, lancé fin 2004 par la firme Google, a brutalement réveillé les débats sur les relations entre le livre et le Web. Le projet a suscité des réactions et des oppositions vives. La première et la plus médiatisée fut celle de Jean-Noël Jeanneney, ex-président de la bibliothèque nationale de France. Puis un certain nombre d'ayant droits ont contesté l'interprétation juridique de la firme. Enfin, des projets alternatifs sont annoncés, soit chez des concurrents, soit au niveau de la communauté européenne.

Des questions se posent sur la nature de ce projet : Google veut-il diffuser le savoir universel ou le monopoliser ? Est-il un projet de savoir universel, comme le présente le point de vue américain ? Est-il une sorte de commercialisation des droits des autres ? Quelle limite imposent les droits d'auteurs ?

Cette étude, me parait, porte une importance remarquable, puisqu'elle assume la mise en exergue, le principe de fonctionnement de ce projet de numérisation des ouvrages, l'étude de ses avantages et de ses inconvénients, le défi qu'il lance en traitant, sans permission ou prix, des propriétés intellectuelles ...

Mots clés : Jean-Noël Jeanneney, Google, bibliothèque, ouvrages, livre, auteur, numérisation

Abstract

The project of setting access to million digitized books, launched at the end of 2004 by the Google firm, raised the debates about the relationship between the book and the Internet. The project caused sharp reactions and oppositions. The first reaction was that of "Jean-Noel Jeanneney", former president of the national library of France. Then a certain number of editors and authors disputed the legal interpretation of the firm. Lastly, alternative projects are announced, either by competitors, or by European Community level.

Questions arise about the nature of this project: Does Google want to diffuse the universal knowledge or to monopolize it? Is a project of universal knowledge, as presented by the American point of view? Is it a kind of marketing of other's rights? Which limit imposes the copyright?

This study, appears, carries a remarkable importance to me, since it assumes forward the setting, the main function of this digitalization project of books, the study of its advantages and its disadvantages, demolished it that it launches while treating, without permission or price, of the copyright...

Keywords : Google, Jean-Noel Jeanneney, book, digitalization, library, authors

Table des matières

Introduction

C'était à travers un simple communiqué de presse, que la société Américaine Google annonçait son fameux projet : La numérisation de l'ensemble du patrimoine littéraire mondial. Une annonce qui a eu l'effet d'un véritable coup de tonnerre dans le monde. Des articles de presses, des magazines, des blogs, lancent des débats sur les conséquences de ce projet. Mais où sommes-nous ?

J'étais, dès le début, intéressé par la société Google. Sa petite histoire nous raconte 9 ans de réussite extraordinaire. Et j'étais trop impressionné par les services de cette firme que je les utilise souvent (d'ailleurs nous l'utilisons tous) le fameux moteur de recherche Google. Mais pourquoi les gens détestent Google ? Pourquoi cette attaque ? Où est le problème qu'une société commerciale américaine veut constituer la nouvelle bibliothèque de l'Alexandrie ? Google va investir la technologie, la main d'œuvres et quelques centaines de millions de dollars afin de nous fournir les livres gratuitement, sans que nous déplacions de notre chaise. Mais qu'est-ce que je raconte ?

C'est ici que j'ai senti, pour la première fois, qu'il faut changer la manière dont je vois le sujet. Une curiosité énorme, n'a cessé d'augmenter jour après jour, qui m'a poussée de faire savoir plus sur la manière dont cette société va traiter un projet critique, qui touche le trésor de l'humanité depuis Gutenberg.

L'idée de ce mémoire, est le résultat de cette curiosité qui n'a pas trouvée parmi les recherches, les ouvrages publiés, les communiqués de presse, la satisfaction désirée. En effet, les ouvrages traitant ce sujet sont rares ; la plupart des publications traitent, en quelques pages, ce sujet théoriquement et hypothétiquement les différents enjeux de ce projet. Ce qui m'a poussé à le traiter un peu profondément, par l'analyse, par la comparaison, par le test ainsi que l'étude des requêtes. Tout ça relève un défi de vouloir être parmi les premiers qui provoquent le problème de l'évaluation de ce projet.

J'ai voulu tester « la démocratie de Google », face à ceux qui le critiquent, en cherchant les ouvrages de référence de ce mémoire, le résultat est choquant, tous ces ouvrages ne s'affichent pas. Peut-on dire encore que Google joue le rôle de diffuseur de culture à travers la planète, qui assure la démocratie de savoir par le clic ? « Bien au contraire. On peut même dire que Google est anti-démocratique parce qu'il est profondément américain sans nous donner les moyens de le savoir, de remettre en cause son universalité [1] ».

J'ai affranchi tel sujet d'un esprit de ce qui cherche à savoir comment une firme assez jeune, qui est née mure et grande, est entrée dans le marché de concurrence, devenue coté en bourse, par

---

[1]) Barbara Cassin : *Google-moi, la deuxième mission de l'Amérique*. Editions Albin Michel, 2007, p 249

des services gratuits. Provoquant l'histoire de l'humanité, par un projet consternant, qui a suscité pas mal de réactions. Nous nous avons limités Europeana comme la réponse qui enlève le défi mais, après l'analyse, le résultat est contestable.

En somme, la transcendance que Google conserve dans la toile, pourrait-elle devenue éternelle ? Pourtant, et d'après Barbara Cassin : « la toile mondiale et un moteur de recherche ne font ni un monde commun ni des mondes sophistiquement agencés[1] ». Mais, « Le triomphe ultime de Google, porte-t-il en lui-même le germe de son déclin ? [2]»

Cette tentative est passée par trois étapes, qui se présentent en trois parties :

Dans la première partie, j'ai essayé de comprendre la notion de la bibliothèque numérique, à travers la consultation de sa courte histoire. En accumulant une base d'information sur cette notion, j'ai passé à traiter Google. On ne peut plus juger sur le projet sans comprendre la philosophie de cette firme américaine, le contexte dont se trouve la bibliothèque de Google. En abordant ce projet, nous avons essayé de suivre l'ordre chronologique des événements, citons les explications des responsables de Google et expliquant le volet qui nous intéresse dans ce projet. Ensuite j'ai abordé les différents enjeux de ce projet pour arriver aux réactions et les oppositions vives qui ont été provoqué par ce projet.

Puis, dans la deuxième partie, j'ai installé mon laboratoire afin d'expérimenter ce projet avec son concurrent Europeana. Le choix d'Europeana n'était pas par hasard, ce projet européen constitue une autre vision pour la bibliothèque universelle et représente le seul projet concret qui a été établit face à la bibliothèque numérique de Google. Ce qui m'a amené à effectuer un comparatif entre les deux projets afin de qualifier la fiabilité de chacun.

Enfin, et dans la troisième partie, j'ai essayé de faire confronter mes expérimentations personnelles par le contexte présenté dans la première partie. Ce qui me permet de présenter mes résultats après une phase de test, et le comparer avec l'état de l'existant.

J'ai mis en exergue, que cette recherche a subit quelques difficultés dont voici les principales : une des difficultés, c'est de traiter Google ; malgré que la firme américaine facilite la recherche sur internet et organise les informations à travers la toile, elle utilise le langage de silence, envers ses projets et ses moyens d'exécution. Ce qui laisse les informations, sur cette société et

---

[1]) op. cit. pp 250-251

[2]) Daniel Ichbiah : *Comment Google mangera le monde*, Paris ed. l'Archipel, 2007. p 11

même sur ses projets, rares. Les responsables de la société ne répondent guère sur les questions, ou bien leurs réponses sont vagues.

Une autre difficulté réside dans le fait que ces deux projets sont encore en version béta. Donc, ceux sont deux prototypes dans la phase de test. Ils subissent des modifications continues ; c'est-à-dire ce qui est obtenu aujourd'hui comme résultat de test, peut être changé le lendemain.

Je me suis envisagé par l'inexistence des ouvrages ou des mémoires qui traitent purement ce sujet. Le seul livre, traitant profondément ce sujet, intitulé « *Libraries and Google* » n'est pas disponible, ni chez les libraires en Tunisie ni en France ; ce qui a rendu ma tâche plus difficile.

Première partie
Google et la Bibliothèque Numérique

1.1. La Bibliothèque Numérique

Avant de se plonger dans ce débat, il faut d'abord définir la bibliothèque numérique, la comprendre, savoir son objectif et son historique.

1.1.1. Définitions

Le terme « bibliothèque numérique » a plusieurs synonymes (Bibliothèque électronique, Bibliothèque virtuelle, Bibliothèque sans murs…)[1].

Le concept de BIBLIOTHÈQUE NUMÉRIQUE désigne un « *système d'information dans lequel toutes les ressources d'information sont disponibles sous une forme traitable par ordinateur et dans lequel toutes les fonctions d'acquisition, de stockage, de conservation, de recherche, d'accès et de visualisation utilisent les techniques numériques.* [2]»

« *Les bibliothèques numériques sont des organisations qui offrent des ressources, y compris en personnel, pour sélectionner, structurer, offrir un accès intellectuel, distribuer et conserver l'intégrité des documents sous une forme numérique. Une bibliothèque numérique garantit également un accès sur la durée aux œuvres électroniques, dans le but d'être aisément et à un moindre coût, disponibles à un ou plusieurs publics successifs[3]* ».

Selon ces définitions, et sans traiter les détailles purement techniques, une bibliothèque numérique permet de :

- Numériser ou Capturer les différents ouvrages traditionnels, soit en mode image ou soit en mode Texte (en utilisant des logiciels de reconnaissance optique des caractères OCR).
- Indexer les différents ouvrages numériques afin d'être susceptible d'être accédées.
- Diffuser les documents numériques à travers des interfaces de consultation et des plateformes (DVD, Internet…).
- Archiver les documents numérisés dans des différents formats.

---

[1]) http://artist.inist.fr/article.php3?id_article=]244, [visité le 01/06/2007]
[2]) Charles OPPENHEIM, Daniel SMITHSON, *What is the hybrid library ?* Journal of information science, 1999, vol. 25, n° 2, p. 97-112.
[3]) Gary Cleveland, *Digital Libraries* : definition, issues and challenges, Iflanet – UDT occasional paper, n°8, mars 1998.

1.1.2. Modèles de bibliothèques numériques

Les objectifs poursuivis par les bibliothèques qui envisagent la mise en œuvre d'une bibliothèque numérique peuvent être d'ordres divers. On voit se dessiner plusieurs modèles[1] de bibliothèques numériques correspondant à ces différents objectifs, nous trouvons :

- **La Bibliothèque hybride** : « *La bibliothèque hybride a été conçue pour rassembler, dans le contexte d'une bibliothèque opérationnelle, un large éventail de technologies issues de différentes sources, et aussi pour commencer à étudier les systèmes et les services intégrés dans deux sortes d'environnement : électronique et imprimé. La bibliothèque hybride devrait inclure l'accès à tous [...] les types de ressources [...] au moyen des diverses technologies utilisées dans le monde des bibliothèques numériques, quels que soient les supports* [2] ».

   La bibliothèque hybride[3] est donc une alternative aux bibliothèques traditionnelles (qui ne contiennent que des ressources papier) et aux bibliothèques numériques (qui ne contiennent que des ressources électroniques). Dans le processus de transformation des bibliothèques, on peut la voir soit comme l'étape nécessaire (vers un passage au « tout numérique »), soit comme l'étape finale (en considérant que le numérique ne pourra pas se substituer intégralement au papier).

- **La Bibliothèque numérique sur Internet** : Il s'agit d'un « *système d'information dans lequel toutes les ressources d'information sont disponibles sous une forme traitable par ordinateur, et dans lequel toutes les fonctions d'acquisition, de stockage, de conservation, de recherche, d'accès et de visualisation, utilisent des techniques numériques* [4] ».

---

[1]) Documentaliste - Sciences de l'information 2000, vol. 37, n° 5-6, p. 295
[2]) Rusbridge, C., « Towards the Hybrid Library », D-Lib Magazine July-August 1998
[3]) En cherchant l'origine du concept « bibliothèque hybride » nous avons trouvé un conflit concernant l'apparition et/ou l'origine de ce terme. Selon le mémoire de Delphine BERRONEAU intitulé « Les Bibliothèques numériques d'hier à aujourd'hui, la transmission d'un savoir » il indiquait à la page 35 que ce terme « a été inventé par **Peter Brophy** en 2002 ». Alors que **Peter Brophy** lui-même dans un article intitulé « La bibliothèque hybride » sur le site de BBF déclare en mars 2002 que : « Le concept de *bibliothèque hybride* est apparu au cours des cinq dernières années [...] Sans que l'on puisse exactement en retracer l'origine, ce concept s'est imposé lors du lancement de la troisième et dernière phase du Programme des bibliothèques électroniques... »
Consulter le mémoire de Delphine BERRONEAU à travers ce lien:
http://classiques.uqac.ca/contemporains/Berroneau_Delphine/biblio_numeriques/berroneau_biblio_numeriques.doc
Ainsi que l'article de Peter Brophy , voir dans ce lien:
http://bbf.enssib.fr/sdx/BBF/frontoffice/2002/04/document.xsp?id=bbf-2002-04-0014-002/2002/04/fam-dossier/dossier&statutMaitre=non&statutFils=non#AppelNote1

[4]) Charles OPPENHEIM, Daniel SMITHSON, *What is the hybrid library ?*, Journal of information sciences, 1999, vol. 25, n°2, p.97-112.

Selon la définition, toute bibliothèque fondée sur des technologies et numériques, accessible à travers des réseaux, consultable sur écran, est appelée « bibliothèque numérique » ou bien « bibliothèque électronique ».

- **La Bibliothèque numérique patrimoniale** : « *La plupart des collections numériques constituées par les bibliothèques correspondent au modèle de la bibliothèque numérique patrimoniale, dans laquelle on numérise des collections rares et/ou précieuses pour les rendre accessibles à un large public. Cette politique de numérisation correspond, la plupart du temps, à une approche par fonds dans une perspective d'accès à l'héritage culturel* [1] ».

Dans ce contexte nous pouvons citer la bibliothèque nationale de France avec son projet Gallica[2] qui a pour objectif de numériser le fonds iconographique à travers ce site. Et The Newton Project[3] qui permet de saisir l'unité organique de l'écriture de newton en recueillant toutes ses productions diverses dans une édition électronique simple et librement accessible.

1.1.3. Vue historique

« Tout a commencé le 14 décembre 2004.[4] ». Selon Jean-Noël Jeanneney, cette date devient un nouveau repère dans le monde des bibliothèques numériques. Nous allons fixer cette date comme un repère dans notre échelle temporelle. Nous allons suivre l'existence de quelques projets qui précèdent la date su-indiquée, c'est-à-dire avant l'annonce de celui de Google en 2004.

C'était en 1928, que Henry Joly le directeur de la Bibliothèque Municipale de Lyon avait prévu l'avènement futur des bibliothèques virtuelles en écrivant : « *Un jour viendra, n'en doutons pas, où le lecteur, sans quitter son studio personnel, verra à son appel n'importe quel livre, n'importe quel manuscrit, n'importe quel recueil d'estampes, projeté de son dépôt même, page à page, sur l'écran qui constituera la pièce maitresse de toute table de travail. Ainsi la Télé bibliothèque, fonctionnant de nuit et de jour, évitera à ses abonnés les déplacements, les longues attentes, au moyen d'appareils que, par exemple, je ne me charge pas décrire* [5] ».

---

[1]) Documentaliste - Sciences de l'information 2000, vol. 37, n° 5-6, p. 296
[2]) Voir la page 19
[3]) Voir la même page
[4]) Jean-Noël Jeanneney *Quand Google défie l'Europe : Plaidoyer pour un sursaut*, Mille et une nuits, 2ème édition, Paris 2006, p.7
[5]) Henry Joly, *Les bibliothèques et l'avenir de la bibliothèque de Lyon*, dans Cahiers Rhodaniens, n°3, février 1928, p.36.

Mais, en 1971 le premier projet remonta sous le nom de **Gutenberg**[1]. Ce projet a commencé de diffuser – à l'échelle mondiale - les ouvrages numérisés, avec l'arrivé de l'internet, et plus précisément en 1990, qui a donné la possibilité d'accéder à plus de 20 000 livres dans le site et plus de 100 000 titres chez les partenaires de ce projet[2].

En 1993, le projet **ABU**[3] (Association des Bibliophiles Universelles) a été lancé en donnant l'accès libre au texte intégral d'œuvres du domaine public francophone sur internet. Cette bibliothèque est considérée comme l'une des anciennes bibliothèques virtuelles françaises. Elle contient actuellement 288 textes électroniques de 101 auteurs accessibles à travers le site[4].

L'année 1996 enregistra l'apparition de **La Bibliothèque Electronique de LISIEUX**[5]. Une bibliothèque qui est un réservoir de textes numériques librement à disposition des internautes, alimentée mensuellement à partir des documents patrimoniaux, conservés dans les collections locales de la médiathèque.

En 1997, nous trouvons la bibliothèque patrimoniale intitulée **Gallica**[6] de la Bibliothèque Nationale de France qui propose un accès à 90 000 ouvrages numérisés (fascicules de presse compris) à plus de 80 000 images et à plusieurs dizaines d'heures de ressources sonores. Bien que 1 250 documents aient été numérisés en mode texte, la plupart l'ont été en mode image.

Le projet anglais *The Newton Project*[7] a été conçu en 1998 et a pris l'existence formalisée au début de 2000. Son but est de rendre possible, de saisir l'unité organique de l'écriture de newton en recueillant toutes ses productions diverses dans une édition électronique simple et librement accessible. Les disciples avec l'heure, les loisirs et les finances de patauger par des centaines de milliers de mots d'écriture souvent insurmontable ont proposé beaucoup de théories intrigantes au sujet des raccordements et interdépendances entre les sujets apparent disparates qui ont fasciné newton.

---

[1]) « Project Gutenberg is the first and largest single collection of free electronic books, or eBooks. Michael Hart, founder of Project Gutenberg, invented eBooks in 1971 and continues to inspire the creation of eBooks and related technologies today. » : Présentation du projet dans le site Gutenberg :
http://www.gutenberg.org/wiki/Gutenberg:About
[2]) http://www.gutenberg.org
[3]) http://abu.cnam.fr/
[4]) Les titres des 288 textes sont accessibles sur l'adresse :
http://abu.cnam.fr/BIB/
[5]) http://www.bmlisieux.com/
[6]) http://gallica.bnf.fr/
[7]) http://www.newtonproject.sussex.ac.uk/prism.php?id=26

Nous avons mentionnés quelques projets de bibliothèque numérique qui sont plus ancien que ce de Google. Mais en décembre 2004, « une information reçue soudain par les agences de presse a brutalement secoué la douce persévérance de nos desseins, de nos actions et de nos imaginations[1] ». C'est l'information de numérisation des contenus des œuvres, afin de les diffuser au public. Pourquoi cette annonce a suscité plusieurs réactions et a été projetée sous les feux de l'actualité ?

---

[1]) Jean-Noël Jeanneney, *Quand Google défie l'Europe plaidoyer pour un sursaut*, deuxième édition, Mille et une Nuits, Septembre 2006, p.7

1.2. Google Books Search : la bibliothèque numérique selon Google

Pour comprendre le projet Google Book Search de la firme américaine, nous devons comprendre Google lui-même. Savoir comment cette entreprise voit le monde ? Et dans quel contexte vient-il son projet ?

1.2.1. Le projet dans son contexte

1.2.1.1. Google : Nom & Logo

Un jour de 1938, le mathématicien américain Edward Kasner se demanda quel nom donner au nombre formé du chiffre 1 suivi de 100 zéros. Edward se tourna alors vers son neveu (9 ans) en visite à la maison et lui posa la question. Celui-ci répondit un mot enfantin : « un gogol », dont l'orthographe est devenue *googol*.

C'est ce mot que Kasner reporta fidèlement dans son traité « *Mathematics and the imagination* », dont s'inspirèrent en 1998 *Larry Page* et *Sergey Brin*, quand ils créèrent Google. Par cette faute d'orthographe, *Google* à la place de *googol*, simple et facile à retenir, deviendra célèbre dans le monde entier. On peut aussi noter la similarité avec le mot anglais "goggle" signifiant "lunettes", dont les deux « O » de la marque rappellent la forme[1].

Figure 1 : Logo de la société Google

« Le logo à lui seul dit ce qu'il a à dire, simple, coloré, dessiné pour les grands enfants, américains et autre, de 7 à 77 ans. C'est Tintin au pays des voyelles de Rimbaud, « o » rouge, « o » jaune, « e » rouge, « g » bleu et « l » vert[2] ».

1.2.1.2. Google, la fondation

Google a été fondée en 1998 par deux étudiants en doctorat d' informatique : ***Larry Page***[1] et ***Sergey Brin***[2] qui venaient de terminer leur étude à l'université de *Standford*. Après avoir contacté

---

[1]) http://fr.wikipedia.org/wiki/Google

[2]) Barbara Cassin,*Google-moi : La deuxième mission de l'Amérique*, Albin Michel, 1ère Édition, Paris 2007, p.50

les principaux acteurs de la recherche d'information en place sur le web pour exploiter leurs idées, Sergey Brin et Larry Page ont réussi à révolutionner la recherche sur Internet en développant une suite d'algorithmes pour rendre plus efficace le référencement des résultats lors d'une recherche. La simplicité de la page d'accueil de Google Search a également participé à son succès : un logo coloré mais parfois changeant, avec un minimum de mots sur la page d'accueil.

Dans huit ans seulement, Google aura racheté plus de 18 sociétés, son moteur de recherche est désormais disponible en plus de 100 langues et compte plus de 90 services[3]. Google n'a pas raté donc aucune des nouvelles tendances d'Internet. Désormais, Google et le mot "succès" vont de pair. En 1998, quand le projet démarrait, Google n'indexait que 25 millions de pages Web pour 10 000 requêtes quotidiennes. Six ans après, les chiffres parlent d'eux-mêmes : février 2004 : le moteur de recherche indexe plus de quatre milliards de pages, neuf mois après, il en indexe huit milliards, presque le double[4]. L'entreprise compte aujourd'hui un peu plus de 5.000 employés. Le moteur reçoit entre 200 et 300 millions de requêtes journalières.

1.2.1.3. Google le moteur de recherche

« Google est un moteur de recherche sur le web » c'est par ces mots que Marissa Mayer la vice-présidente de Google présente Google[5]. Google est avant tout un moteur qui cherche les informations à travers des millions de pages web sur Internet.

Le moteur de recherche constitue un outil de calcul analysant les phrases grâce à des méthodes statistiques et morphosyntaxiques pour repérer des pages Web correspondant aux requêtes des internautes. L'idée première et originale des fondateurs de Google était d'adjoindre aux techniques habituelles de recherche d'information une variable supplémentaire : la notoriété, mesurée par le nombre de liens hypertextuels qui faisaient référence à une page donnée, pour classer les réponses à une requête donnée.

Cette idée, combinée avec une simplicité de l'interface, une stricte utilisation de l'opérateur booléen « et » ainsi qu'une indexation plus large des pages, a très vite montré sa pertinence et a conduit au succès originel de la firme. Une des grandes difficultés de la recherche sur le Web, n'est pas tant, en effet, le repérage des pages que son classement afin que l'internaute trouve l'information qui satisfera sa demande.

---

[1]) Son nom complet est : Lawrence E. Page. Pour plus d'informations, consulter sa biographie sur : http://fr.wikipedia.org/wiki/Lawrence_E._Page
[2]) Son nom complet est : Sergey Mikhaïlovitch Brin. Pour plus d'informations, consulter sa biographie sur : http://fr.wikipedia.org/wiki/Sergey_Brin
[3]) Pour consulter la liste des produits et services de google veuillez visiter ce lien : http://www.webrankinfo.com/actualites/200512-google-est-partout.htm
[4]) De la start-up à l'empire Google, par Anne Confolant pour L'Atelier : http://www.atelier.fr/medias-loisirs/start-up,empire,google-33270-30.html
[5]) "Le Monde selon Google", Reportage télévisé réalisé par *IJsbrand van Veelen* et diffusé sur la chaîne planète (www.planete.tm.fr), accessible sur Google Vidéo à travers ce lien : http://video.google.com/videoplay?docid=-6996334552698848562

Aujourd'hui, ce principe a été repris par les autres grands moteurs, et il ne saurait à lui seul d'expliquer la pérennité du succès de celui-là. Il faut y adjoindre bien d'autres modalités concernant, par exemple, la taille et la structure des index, les techniques d'indexation, de stockage, de filtrage, toutes relevant du secret commercial jalousement gardé et alimentant spéculations, enquêtes et analyses des experts3[1].

Quoi qu'il en soit, le moteur est bien le métier premier de Google et son cœur. Selon une étude réalisée par *Hitwise* (spécialisée dans la mesure d'audience) et publiée le 18 Mai 2006 sur les différents services offerts par Google (20 services dont le projet *Book Search* est parmi eux), le moteur de recherche de Google reste, de loin, le service le plus utilisé (près de 8 utilisateurs sur 10)[2].

Pour atteindre sa pleine efficacité, celui-ci a archivé sur les disques durs de ses ordinateurs un nombre considérable de pages Web et ainsi il s'est construit un observatoire du fonctionnement de la toile par la connaissance des contenus croisée avec celle du comportement des internautes au travers de leurs requêtes. Cet effet d'échelle lui a ouvert d'autres horizons.

1.2.1.4. Mission de Google

« *Our mission is to organize the world's information and make it universally accessible and useful* » Et « *Don't be Evil* ». Deux phrases qui peuvent être simplifiées en deux mots d'ordres : « Organiser et faire le bien ». Dans son livre « Google-moi : La deuxième mission de l'Amérique », Barbara Cassin[3] analyse profondément les deux phrases sur deux chapitres consécutifs. En analysant mot par mot, Cassin analyse la relation entre Google et les États-Unis d'Amérique : « Qui est contre Google est contre les Etats-Unis [4]» Une étude qui relie la mission de Google avec la mission des Etats-Unis.

En effet l'auteur trouve des points de convergence entre la mission de la firme Google et celle de l'Amérique. Elle cite « Promouvoir la démocratie[5] » comme l'un des cinq points de convergence « *lit-on sur le site en réponse à la question : Pourquoi Google ?, et la bonne démocratie (tous les liens sont des votes mais certains sont plus égaux que d'autres)* ». Mais, si on continue de lire la page de Google (qui est ignorée par la plupart d'entre nous), nous lisons dans un

---

[1]) Des informations supplémentaires sur le blog : http://affordance.typepad.com/
[2]) Vous pouvez consulter la page de ce classement sur le site :
http://weblogs.hitwise.com/bill-tancer/2006/05/google_properties_understandin.html
[3]) Philosophe et philologue, Barbara Cassin est directrice de recherche au CNRS et co-directrice de la collection « l'Ordre philosophique » au Seuil. Spécialiste de la pensée grecque et de la sophistique.
[4])James Hadley Billington (le directeur de la bibliothèque du Congrès), Barbara Cassin,*Google-moi : La deuxième mission de l'Amérique*, Albin Michel, 1ère édition, Paris 2007, p.83
[5]) Barbara Cassin,*Google-moi : La deuxième mission de l'Amérique*, Albin Michel, 1ère édition, Paris 2007, p.84

sous titre qui porte l'intitulé « *Google, la fin du chaos !* » ; une explication de la nouvelle méthode adoptée par Google, afin d'assurer une bonne recherche :

> « *Google maîtrise l'information en proposant un nouveau type de recherche : n'est pas un annuaire à portée limitée ni une liste de résultats adjugés à la plus forte enchère, mais une solution ingénieuse et efficace, qui organise le Web en tenant compte de sa structure vaste et démocratique* ».

De ce fait, est-il possible que les responsables de Google pensent que leur mission est de publier la démocratie des clics à travers la toile ? Et que cette démocratie les oblige de faire « le bien » et partager le savoir en le rendant accessible pour tous les internautes sans différences ?

1.2.1.5. Google recherche de livres

Sur le Blog Officiel de *Google book Search*, nous trouvons un article (en anglais) pour le responsable de ce projet, dans lequel il présente son programme : « *En octobre 2004, nous avons annoncé un programme appelé la Google Print, une manière pour que les éditeurs rendent leurs livres accessible par les millions de personnes qui recherchent sur Google chaque jour. Sous peu ensuite, nous avons ajouté un programme complémentaire qui permet de trouver tous les livres plus facilement par partenariat avec des bibliothèques pour classer leurs collections aussi. Le but de la copie de Google est ambitieux : pour faire le texte intégral des livres de tout monde accessible par n'importe qui. Il est difficile de trouver ces livres maintenant, et pour la plupart d'entre eux, aucune recherche à texte intégral n'existe.*[1] ». C'est une présentation qui simplifie beaucoup un projet universel de cette taille qui vaut 500 millions d'euros[2].

Dans le cadre d'organiser l'information mondiale, *Google* annonçait le 14 décembre 2004 son projet « *pharaonique* » sous le nom de **Google Print Library Project**[3]. Considéré comme « la huitième merveille du monde[4] », Google va numériser 15 millions d'ouvrages c'est-à-dire environs 4.5 milliards de pages issues des fonds de cinq bibliothèques publiques anglo-saxonnes partenaires de projet (les bibliothèques des universités américaines *d'Harvard*, du *Michigan* et de *Stanford*, la *New York Public Library* ainsi que la *Bodleian Library* qui est rattachée à l'université d'*Oxford* de la Grande-Bretagne). Suite à cet accord, Google va fournir aux différentes bibliothèques une copie numérisée et il conserve une autre pour son projet.

---

[1]) Adam M. Smith, *Making books easier to find*, The official Google Blog, 8/11/2005 (mise à jour le 8/12/2005), http://googleblog.blogspot.com/2005/08/making-books-easier-to-find.html
[2]) « Une bibliothèque à 500 millions d'euros » par Charline Vanhoenacker, et à Paris Jean-Claude Vantroyen, *Le Soir* - 23 mars 2005
[3]) Avant cette date, Google a annoncé en novembre 2004 à la Foire du Livre de Francfort son projet « Google Print for Publishers », afin d'appeler les éditeurs à présenter leurs ouvrages pour que Google les numérise.
[4]) « Une bibliothèque pas si rose ? », par Philippe Gavi (avec Judith Sibony), *Nouvel Observateur* - 19 mai 2005

Ce projet, qui s'exécute en 10 ans, représente plus de 2 millions de pages à numériser chaque jour avec un coût de 150 à 200 millions de dollars (ce qui donne 10 dollars par livre). Notons bien que Google n'a toutefois pas confirmé cette fourchette de coûts.

La société affirme avoir conçu et développé une robotique portable et rapide pour numériser les ouvrages, Mais cette technologie est classé « *top secret* » qui est décrit par la société comme étant « Un secret commercial ». Une technologie qui permet à l'opérateur de *Silicon Valley* d'effectuer la numérisation sur place dans chacune des bibliothèques sans endommager les livres.

Cette annonce a eu l'effet d'un véritable coup de tonnerre dans le monde des bibliothèques en raison de l'ampleur inédite du volume d'ouvrages numérisés, des moyens dégagés et de la participation d'une entreprise privée à la mise en ligne de contenus patrimoniaux[1]. Mais Google et sans attendre l'accord avec les ayants-droits (éditeurs et auteurs) et en s'appuyant sur la notion de « *fair use* » pour une consultation d'extraits[2], il a considéré a mis en ligne les livres en forme d'extraits.

Suite à un débat sur les droits d'auteurs, la firme suspendait la numérisation des livres récente le 11 août 2005[3] pour trois mois Une période, justifiée par Adam Smith : « *Désormais, les détenteurs des droits peuvent nous dire quels livres ils préféreraient ne pas nous voir numériser, si nous les trouvons dans une bibliothèque. Pour (leur) permettre d'examiner ces possibilités, nous ne numériserons aucun livre sous copyright d'ici à novembre* »[4]. Par conséquence les bibliothèques disposeront d'un droit de veto sur la numérisation de certains ouvrages (la plupart sont des ouvrages sous copyright)[5].

En novembre 2005, le projet reprenait son activité sous l'intitulé *Google Book Search*. Un nom, qui selon Google, « reflète avec plus d'exactitude la manière dont les gens s'en servent ».

[1]) Des informations supplémentaires sur les réactions dans la partie « Les réactions » de ce mémoire.

[2]) Le « fair use » autorise aux Etats-Unis la consultation de documents sans autorisation préalable dans un certain nombre de situations précises. Cette position n'est pas complètement originale. D'autres acteurs du Web l'appliquent aussi.

[3]) Dans son livre « Google-moi la deuxième mission de l'Amérique », Barbara Cassin souligne à la page 188 que le projet est suspendu en juin 2005. Alors que la date de suspension est le mois Août. Nous citons à la suite quelques articles de presse qui justifient cette date :
- « Bibliothèque universelle : Google recule »,par R.G, *Le Figaro Economie* – 15 août 2005.
- « Le Président de la bibliothèque nationale de France "salue la sagesse de Google" », par Thomas Sotinel, *Le Monde* – 16 août 2005
- Site de Zorgloob les actualités de mois Août 2005.

4) Luka, *Google Print cale en pleine ascension*, Zorgloob, 12/08/2005,
http://www.zorgloob.com/2005_08_01_archive_zorgloob.asp

[5]) Selon la loi américaine, les ouvrages qui sont éditées après 1923 sont concernées par le droit d'auteurs.

Figure 2 : publicité de service « Google Book Search » lors de la foire de livre de Frankfort 2006

Ce projet n'a pas arrêté de se développer, en 2006 des modifications ont été apportées à ce service, comme la possibilité de rechercher dans tous les livres (même si le contenu affiché est limité) ou seulement dans les pages entières (libre de droit, ou presque).

Le nombre des partenaires est en croissance continu, le projet continu avec des modifications sur son interface. Nous avons trouvé sur le Blog Google Operating System un article intitulé « Why Use Google Book Search ? »[1] *d'Ionut Alex. Chitu*, un rédacteur du blog, dont lequel il a cité 10 situations dans lesquelles il est préférable d'utiliser Google Books aux librairies :

1. Vous avez une citation tirée d'un livre, mais vous ne savez pas de quel livre il s'agit.
2. Vous avez une citation d'un livre, et vous voulez en connaitre le contexte. Par exemple, voici ici[2] le contexte de la citation *"Ce siècle avait deux ans !"* de Victor Hugo.
3. Vous avez un livre et vous souhaitez en relire un extrait bien particulier. Mais c'est difficile de se souvenir où il se trouve. Google Books peut vous aider.
4. Vous vous rappelez du nom d'un personnage, mais plus du titre de l'œuvre.
5. Vous souhaitez avoir différents points de vue sur un sujet, recherchez en filtrant par époques. Exemple, le "11 septembre" avant 2001.
6. Trouvez les livres qui font référence à un certain livre.
7. Recherchez une affirmation ou le début d'une affirmation ("Paris est la seule ville...").
8. Trouvez le contexte des mots rares ou difficiles.

---

[1]) http://googlesystem.blogspot.com/2006/11/why-use-google-book-search.html
[2]) lien de la requête :
http://books.google.fr/books?vid=ISBN0543893634&id=TgfPBg8Um08C&pg=PA105&lpg=PA105&ots=vwm9Q_vIKj
&dq=%22Ce+si%C3%A8cle+avait+deux+ans+%21%22&sig=IVt2rPXu3Q2CfUNV_1HfP9YH6cQ

9. Trouvez, téléchargez (en PDF) et lisez gratuitement des livres tombés dans le domaine public.

Aujourd'hui, on peut compter seize partenaires pour le projet de la firme américaine, dont on trouve la première bibliothèque francophone qui est la Bibliothèque Cantonale et Universitaire de Lausanne. Mais la liste est entrain d'augmenter massivement, douze bibliothèques américaines viennent de prendre le train suite à un accord avec le *Committee on Institutional Cooperation*, consortium américain qui regroupe les entités du Michigan et Wisconsin-Madison, Chicago, Illinois, Indiana, Iowa, Minnesota, Northwestern, Purdue plus les universités d'Etat du Michigan, de l'Ohio et de Pennsylvanie. Un renfort qui devrait permettre de numériser 10 millions d'ouvrages supplémentaires[1].

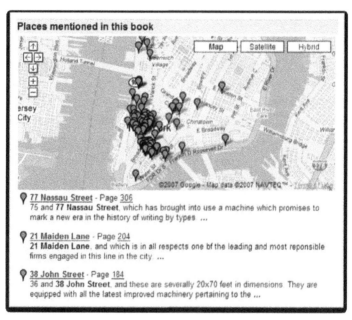

Figure 3 : Extrait du résultat qui permet de relier Google Book avec Google Map

Google prévoit de relier Google Books et Google Maps. Des liens vont être ajoutés sur chaque lieu cité dans un ouvrage, qui conduira automatiquement à une ville, un lieu dit, un quartier sur une carte numérique. « Nous espérons que ce service aide à bâtir un voyage, à faire des recherches

---

[1]) Google Book Search : 12 nouvelles bibliothèques rejoignent le projet, Abondance, 15/06/2007, http://actu.abondance.com/2007-24/google-cic.php

universitaires, ou tout simplement à visualiser les scènes d'action de votre livre préféré », écrit sur son blog *David Petrou* l'ingénieur du projet Google[1].

1.2.2. Les enjeux

L'annonce de ce projet pharaonique a projeté des diverses questions concernant ce projet et ces conséquences à long terme. Mais nous allons étudier trois questions concernant la monopolisation de savoir et la diversité des choix, la commercialisation de savoir, puisque Google est avant tout une entreprise dont le but est de gagner de l'argent, et enfin la question des droits d'auteurs.

1.2.2.1. Monopolisation du savoir

« Des choix se font toujours, obligatoirement. On peut évaluer à plus d'une centaine de millions d'ouvrages imprimés, la production totale de l'humanité depuis Gutenberg […] La quantité promise par Google, si impressionnante en termes absolus, ne correspond qu'à un petit pourcentage de cette immensité. Il faut donc s'interroger sur les livres qui y figureront, sur les critères qui conduiront à en déterminer la liste.[2] ». Dans son livre « Quand Google défie l'Europe : Plaidoyer pour un sursaut » Jean-Noël Jeanneney exprime ses inquiétudes à propos de critère dont laquelle Google va utiliser pour numériser une partie négligeable de la quantité totale des ouvrages imprimées.

Dans ce sens, le projet de Google se base sur le fond des bibliothèques anglo-saxonnes, ce qui provoque des soucis sur la domination d'une culture sur autres « la liste des priorités favorisent la pesée de la culture anglo-saxonne[3] ». Une peur qu'Eric SCHMIDT, le PDG de Google, la déporte : « Nous œuvrons à indexer et à présenter des textes dans des langues autres que l'anglais, exactement, fidèlement, rapidement et complètement […] Nous n'avons jamais tenté de favoriser une culture particulière, car ce serait mauvais et pour notre mission et pour notre société [4] ».

Mais une société fondée sur un système dont le but est de réaliser du profit peut-elle jouer un rôle de diffuseur de savoir plutôt qu'un monopoliste de savoir ? Est ce que le choix des ouvrages numérisés serait-il selon des critères imprégnés par un climat américain ?

---

[1]) http://booksearch.blogspot.com/2007/01/books-mapped.html

[2]) Jean-Noël Jeanneney, *Quand Google défie l'Europe : Plaidoyer pour un sursaut*, Mille et une nuits, 2ème édition, Paris 2006, p. 11
[3]) Ibid. p. 12
[4]) « Le moteur de recherche Google va-t-il trop loin ? », par Claudine Mulard, *Le Monde* – 31 mai 2005.

En effet, en accumulant la plupart des livres du monde en un même point, les utilisateurs pourraient n'avoir pas d'autre choix que de passer par Google, qui contrôlerait ainsi la littérature. Si le système venait à se généraliser, la censure de tel ou tel livre pourrait n'être définie que par une seule entreprise : Google. Dans ce contexte nous signalons qu'en 2002, *Jonathan Zittrain* et *Benjamin Edelman*[1] avaient découvert que les utilisateurs des versions allemande et française du site Google étaient « empêchés », sans être aucunement avertis, d'accéder à certains contenus. Les responsables de Google confirmaient alors que plusieurs sites présentés sur Google.com n'étaient pas disponibles sur Google.de et Google.fr. Cette censure expliquée par les responsables : « Notre politique est de ne pas révéler les détails sur les raisons pour lesquelles nous supprimons des sites, et quand nous le faisons ».

Dans le même contexte, une recherche de « Tiananmen » à travers le Google.cn ne donne pas les mêmes résultats que Google.com. La firme de *Mountain View* Admet censurer les résultats de son moteur en Chine[2].

1.2.2.2. Commercialisation du savoir

Aujourd'hui, Google nous impose sa publicité, dit Lise Bissonnette la présidente de Bibliothèque et archives nationales du Québec. Mais «rien ne dit qu'un jour, il ne faudra pas payer à l'entrée. Or l'essence d'une bibliothèque patrimoniale, c'est la gratuité. Et si Google fait faillite, à qui appartiendra le patrimoine numérisé? [3] ». C'est une inquiétude sur le contrôle d'une société commerciale, qui a toujours un risque de faillite et de disparition du savoir humanitaire.

D'un autre coté, qu'est ce que garantie que Google ne demande pas un frais pour son service, et qui laisse son service 'free' ? « Aujourd'hui *Google Book Search* est un service d'accès gratuit pour les utilisateurs comme la plupart des services Google. C'est ce qui est prévu pour le produit actuel, nous continuerons à fournir accès à ces informations ainsi qu'à ces œuvres tombés dans le domaine public qui sera gratuit pour nos utilisateurs[4] » répond Adam Smith. Cette confirmation est reliée à aujourd'hui mais pour le lendemain, on ne sait jamais.

---

[1]) Vous pouvez lire l'article des deux professeurs du « The Berkman Center for Internet & Society at Harvard Law School » intitulé « Localized Google search result exclusions Statement of issues and call for data » à travers ce lien : http://cyber.law.harvard.edu/filtering/google/

[2]) http://www.zorgloob.com/2006/01/google-en-chine.asp

[3]) Christian Rioux, *La bibliothèque virtuelle sera-t-elle en anglais?* , Le Devoir, mercredi 23 février 2005, http://www.vigile.net/archives/05-2/langue.html

[4]) "Le Monde selon Google", Reportage télévisé réalisé par *IJsbrand van Veelen* et diffusé sur la chaîne planète (www.planete.tm.fr), accessible sur Google Vidéo à travers ce lien : http://video.google.com/videoplay?docid=-6996334552698848562

Quelques esprits plus sceptiques dénoncent un projet qui, en dépit de prétentions humanistes et démocratiques un peu trop appuyées, représente une tentative larvée de «commercialisation» de la recherche et du savoir, ainsi qu'une remise en cause fondamentale du rôle et des missions des bibliothèques universitaires. Malgré des investissements colossaux, Google pourrait escompter des bénéfices encore plus importants, grâce notamment aux revenus générés par la publicité, profits dont les bibliothèques partenaires seraient normalement exclues puisque n'ayant aucune part aux frais de fonctionnement et de numérisation. Tous les coûts seront en effet à la charge de l'opérateur. Si les bibliothèques peuvent y trouver un avantage certain, d'autant qu'elles pourront disposer d'une copie de leurs titres numérisés et les diffuser librement sur leur propre site, elles devront en revanche, renoncer à toute espèce de contrôle ou d'influence sur un projet entièrement financé et géré par un prestataire unique, en situation de quasi-monopole.

La position des éditeurs, par la voix de sa représentante P. Schroeder, directrice exécutive de l'AAP (Association of American Publishers)[1], est sur ce point des plus significatives : loin de constituer une menace, le projet s'avère au contraire une occasion sans précédent de promouvoir la production éditoriale sur le web, tout comme aujourd'hui la libre diffusion des exemplaires imprimés dans les bibliothèques en favorise la vente auprès des lecteurs qui les y consultent. A cet effet, Google prévoit d'ailleurs d'afficher, sur ses pages de résultats, des liens directs vers les sites des éditeurs, de façon à stimuler les achats en ligne.

D'autres préoccupations relèvent du contenu même de cette bibliothèque numérique géante et de son utilisation : mis en présence d'une masse aussi gigantesque et déstructurée de données s'ajoutant à celle du web, les lecteurs (en particulier les étudiants) auront toujours besoin de ces intermédiaires que sont les bibliothèques, spécialistes par définition de la recherche documentaire, pour apprendre à gérer et à rechercher les informations dont ils ont réellement besoin. Il se pourrait cependant qu'à l'avenir apparaissent, sous une forme commerciale et cette fois sans la participation des bibliothèques, des services virtuels proposant une aide à la recherche en ligne, sur une bibliothèque numérique comme Google, et qui remettraient sérieusement en cause le rôle de ces dernières.

Enfin nous citons une étude, menée auprès de 2200 adultes et publiée en 2005 aux États-Unis par *Pew Internet & American Life Project*[2], qui montre que 62 % des internautes interrogés ne font aucune distinction entre les informations publicitaires et les autres et que 18 % seulement sont capables de dire à coup sûr quelles données sont payées par des entreprises pour leur promotion et lesquelles ne le sont pas. 92% des utilisateurs des moteurs de recherche ont pleine confiance dans le

---

[1]) B. Quint, « *Google's Library project : questions, questions, questions* », Information today, 27 décembre 2004.
[2]) http://www.pewinternet.org/pdfs/PIP_blogging_data.pdf

résultat des recherches et 71% (utilisateurs depuis moins de cinq ans) estiment que cette source d'informations n'est en rien et jamais biaisée. Et c'est ce que Google le fait à travers ses services. A travers des liens commerciaux qui changent de positions (à gauche, à droite, en haut, en bas) et qui permettent un gain pour la société.

1.2.2.3. Droits d'auteurs

Le service *Google Books Search* pose de nombreuses questions irrésolues : viole-t-il les lois sur le copyright si l'utilisateur final ne peut accéder qu'à un extrait du livre lors de sa recherche ? Est-ce que cela crée une différence si le livre n'est plus édité, même s'il est toujours sous copyright ? Google doit-il requérir la permission des éditeurs plutôt que d'offrir une solution qui permet à l'éditeur de demander à posteriori à ce qu'un de ses ouvrages soit retiré des bases de données ? Les lois sur le copyright écrites pour du matériel imprimé demeurent-elles encore valides à l'ère numérique ?

Google s'articule sur la loi américaine de *opt-in*, donc « Google respecte le copyright ». Affirme *Usan Wojcicki*, responsable produits de Google, donc lors d'une recherche il n'y a que le terme recherché apparaîtrait, avec des références bibliographiques ainsi que plusieurs liens vers des vendeurs de livres en ligne et des bibliothèques.

Mais cette réponse n'est pas satisfaisante pour la présidente de l'Association des éditeurs américains *Patricia Schroeder : « un "fragment" n'est pas un terme légal et peut s'interpréter autant comme une citation que comme un chapitre complet* […] *La loi ne dit pas qu'un auteur ou un éditeur peut choisir. Elle dit que vous devez obtenir une permission avant de faire une copie. Si la politique de l'opt-out devenait la norme, la charge serait sur les éditeurs qui devraient surveiller les usages pour protéger leurs copyright, un fardeau qui deviendrait rapidement ingérable ».*

Mais le problème ne s'arrête pas ici, Google possède une copie numérisée de quelque chose qui ne lui appartient pas, qu'il n'a ni acheté ni même demandé. Il fait marcher sur la tête de droit du copyright, inverse la charge de la preuve en proposant un *opt-out* (vous devez lui demander de sortir de son programme) au lieu de *opt-in* (il devrait vous demander de rentrer dans son programme)[1].

Google s'articule fortement sur le *fair-use* (usage loyal) puisque la copie mise en disposition, n'est pas utilisée à des fins commerciales directes. Elle ne nuit pas à la commercialisation faite par les ayants droits. Nous mettrons ici les critères actuel du *fair use* aux États-Unis sont énoncés au titre 17 du code des États-Unis, section 107, dont voici le texte :

---

[1]) American Association Of Publisher & Authors Guild, citée par Barbara Cassin dans son ouvrage, Google-*moi : La deuxième mission de l'Amérique*, p 195

« Section 107 Limitations des droits exclusifs : usage loyal (fair use)
Nonobstant les dispositions des sections 106 et 106A, l'usage loyal d'une œuvre protégée, y compris
des usages tels la reproduction par copie, l'enregistrement audiovisuel ou quelque autre moyen
prévu par cette section, à des fins telles que la critique, le commentaire, l'information
journalistique, l'enseignement (y compris des copies multiples à destination d'une classe), les études
universitaires et la recherche, ne constitue pas une violation des droits d'auteurs. Pour déterminer
si l'usage particulier qui serait fait d'une œuvre constitue un usage loyal, les éléments à considérer
comprendront :

(1) L'objectif et la nature de l'usage, notamment s'il est de nature commerciale ou éducative et sans
but lucratif ;
(2) la nature de l'œuvre protégée ;
(3) la quantité et l'importance de la partie utilisée en rapport à l'ensemble de l'œuvre protégée ;
(4) les conséquences de cet usage sur le marché potentiel ou sur la valeur de l'œuvre protégée.
Le fait qu'une œuvre ne soit pas publiée, ne constitue pas en soi un obstacle à ce que son
usage soit loyal s'il apparaît tel au vu de l'ensemble des critères précédents[1] ».

1.2.3. Les réactions

Suite à ces enjeux, le projet a suscité depuis son annonce en décembre 2004 de très
nombreuses réactions, les premières d'enthousiasme, de la part notamment des chercheurs et des
responsables de différentes bibliothèques, et certains nombres d'ayants droits ont contesté
l'interprétation juridique de la firme. Enfin, des projets alternatifs sont annoncés, soit chez des
concurrents, soit au niveau de la communauté européenne.

1.2.3.1. Le plaidoyer de Jean-Noël Jeanneney

Un mois après l'annonce de Google en décembre 2004, l'ex-président de la Bibliothèque
Nationale de France Jean-Noël Jeanneney soulignait, dans un article intitulé « Quand Google défie
l'Europe »[2] le danger qu'il y'aurait à laisser Google développer son projet sans alternative de ce
côté de l'Atlantique. « Voici que s'affirme le risque d'une domination écrasante de l'Amérique dans
la définition de l'idée que les prochaines générations se feront du monde ». Il a mis en exergue que
l'accès aux livres via le Web ne soit pas dominé par un regard exclusivement anglo-saxon. Ainsi

---

[1]) http://fr.wikipedia.org/wiki/Fair_use
[2]) Jean-Noël Jeanneney, Quand Google défie l'Europe, Le Monde 24 Janvier 2005

que l'opération de numérisation des livres soit également réalisée par des Bibliothèques Nationales dont les objectifs restent non commerciaux. Et il a critiqué la logique horizontale et exhaustive dans laquelle Google classe les ouvrages. Une suggestion d'admettre des critères de classement et de hiérarchisation bibliographique afin d'assurer un accès transparent aux ouvrages.

Jean-Noël Jeanneney écrivait l'essai « *Quand Google défie l'Europe* » en 2005[1]. Dans cet ouvrage, l'auteur fait part de son émerveillement devant cette entreprise titanesque. On évalue le nombre de pages à scanner à environ 4,5 milliards, sachant qu'un milliard de secondes représentent à elles seules près de 33 ans, on se rend tout de suite, compte de la quantité de travail qu'il va falloir fournir. Cependant, il fait aussi part de son inquiétude de voir « *... le risque d'une domination écrasante de l'Amérique...* ». L'auteur avance surtout son argument majeur face à *Google*, c'est à dire une vision multipolaire. Fort de ses convictions, et puissamment armé de ses craintes, Jean-Noël Jeanneney a donc tout mis en œuvre pour alerter les pouvoirs publics à propos de ce qu'il considère comme étant des dangers de dérives culturelles.

Enfin, il appelle à un miroir européen « nous voulons proposer un miroir européen, montrer ce que les citoyens du Vieux Continent ont en commun, tout en préservant les spécificités culturelles nationales[2] ». Un appel qui n'a pas été ignoré par le président de la république Jaque Chirac qui lui a apporté son soutien en portant le débat devant les instances européennes. « *Il s'agit d'un enjeu essentiel pour que l'Europe occupe toute sa place dans la future géographie de la connaissance [...] la culture n'est pas une marchandise, elle ne peut être abandonnée au jeu aveugle du marché[3]* ».

1.2.3.2. Europeana

Cet appel de Jean Noël Jeanneney soutenu par le président de la république Française, est entendu en 2005. Le mouvement pour une numérisation des œuvres issues du patrimoine européen est amorcé par Jacques Chirac et cinq autres chefs d'Etats européens, l'Allemagne, l'Espagne, l'Italie, la Hongrie et la Pologne[4]. Une motion initiée par la BNF est également signée par 23 bibliothèques nationales européennes. Et en septembre 2005, la Commission européenne se lance dans l'arène, avec la mise en place d'une consultation publique et la publication de la

---

[1]) Après cette édition, une deuxième édition revue, augmentée et mise à jour a été publié en septembre 2006 (la même édition que nous l'admettons dans notre mémoire comme étant une ouvrage de référence – voir Bibliographie)
[2]) Frédéric Quin, *Jean-Noël Jeanneney (BNF) : "Il est imprudent de laisser Google organiser seul l'information planétaire"*, vnunet, 20-09-2005,
http://www.vnunet.fr/fr/vnunet/news/2005/09/20/jean-noel-jeanneney-bnf-imprudent-laisser-google-organiser-seul-linformation-planetaire
[3]) Philippe Gavi (avec Judith Sibony), *Une bibliothèque pas si rose ?*, Nouvel Observateur, 19 mai 2005

[4]) *Google fait l'union européenne*, Livres Hebdo – 6 mai 2005

communication "i2010 Bibliothèques numériques"[1]. Celle-ci vise à analyser les nouveaux enjeux qu'apporte Internet dans la construction d'un héritage culturel européen. Alors d'ici 2008, la coalition s'est donnée comme objectif de numériser 2 millions d'ouvrages, et 6 millions d'ici 2010.

Jeudi le 23 mars 2007, La BNF a dévoilé son prototype de bibliothèque numérique européenne dont le nom est *Europeana*[2]. Un projet qui va concurrencer le projet de la firme Google. *Europeana* rassemble environ 12 000 documents libres de droits issus des collections de la Bibliothèque nationale de France, de la Bibliothèque Nationale Széchényi de Hongrie et de la Bibliothèque nationale du Portugal.

Fin novembre 2007, ce sont 30 000 ouvrages qui devraient être disponibles, puis 100 000 œuvres devraient être rassemblées chaque année pour atteindre les 500 000. Dans le reste de l'Europe, 19 bibliothèques nationales ont déjà mis leurs collections numérisées à disposition via le site TEL et les 45 bibliothèques membres de la CENL (*Conference of European National Librarians*) devraient se joindre au programme dans les 5 prochaines années[3].

Mais cette quantité qui est incomparable par rapport au projet de Google, demande plus de critères de choix que celle de Google. Citons une réponse de Jean-Noël Jeanneney « *Nous les avons discuté de près avec nos amis européens. Nous avons décidé de privilégier des ouvrages qui ont accompagné, porté, incarné le développement de la culture européenne depuis l'humanisme jusqu'à aujourd'hui dans tous les domaines, religieux, scientifique, littéraire, le domaine de la médecine, du droit aussi qui est très important* ».

Bien que cette bibliothèque numérique européenne offre un accès gratuit à l'ensemble des collections libres de droits, des discussions avec les représentants des éditeurs et des ayant-droits sont en cours pour préciser le mode d'accès aux documents couverts par les droits d'auteurs.

1.2.3.3. Autres projets de numérisations

Open Content Alliance

Ayant annoncé le 3 octobre 2005, l'initiative *Open Content Alliance*[4] rassemble des partenaires institutionnels (Bibliothèques des universités de Chicago, Alberta, California, Georgia, Ottawa, Texas…) privées (Adobe, Hewlett Packard, Yahoo !, Microsoft) et associatifs (internet

---

[1]) http://eur-lex.europa.eu/LexUriServ/site/en/com/2005/com2005_0465en01.pdf
[2]) http://www.europeana.eu
[3]) http://www.bnf.fr/pages/dernmin/faq_europeana.htm
[4]) http://www.opencontentalliance.org

Archive, pilote du projet, Research Library Group) [1] dans un projet de numérisation à grande échelle d'ouvrage patrimoniaux.

Ce projet qui propose pour l'instant 35.000 ouvrages incluant ceux de précurseurs comme le projet Gutenberg. Le projet OCA est au sein du consortium de la firme Yahoo!, concurrente directe de Google sur le marché des moteurs de recherche en ligne et qui financera la numérisation de 18000 livres. Alors que Microsoft qui va financer la numérisation de 150000 livres. Nous trouvons trois différences majeures par rapport au projet Google Book Search :

- Chacun des partenaires apporte au projet ses compétences particulières
- L'OCA veut mettre en place un accès libre aux ouvrages numérisés qui pourront être interrogeable par n'importe quel moteur de recherche et que tout droit sur le fichier numérisé sera abandonné.
- L'OCA ne va traiter que les titres tombés dans le domaine public contrairement à Google.

Un prototype sous le nom Open Library a été lancé en proposant d'utiliser les outils de visualisation et de navigation sur une sélection d'ouvrages numérisés. Nous conseillons de lire un article intéressant sur le site « Lekti-ecriture[2] » et qui présente les différents enjeux de ce projet : les partenaires tels que Microsoft et Adobe qui sont des promoteurs des solutions propriétaires et leur participation dans un projet ouvert et libre. Et l'utilisation de format PDF qui est propriétaire à Adobe et qui est non à ouvrir.

Live Books Search

Lancé en décembre 2006, Le projet de la firme américaine Microsoft intitulé *Live Books Search*[3] (en version beta) propose l'accès aux ouvrages de la British Library, de l'université de Californie (considéré comme l'une des plus grandes, sinon la plus grande bibliothèque universitaire du monde : elle donne accès à plus de 34 millions de volumes) et de l'université de Toronto (qui détient 15 millions de volumes). Dans un deuxième temps, les livres de la New York Public Library ou de la Cornell University seront disponibles.

---

[1]) La liste complète des partenaires est consultable à travers ce lien :
http://www.opencontentalliance.org/contributors.html
[2]) Lekti-ecriture.com, L'Open Content Alliance, 30 décembre 2005,
http://www.lekti-ecriture.com/bloc-notes/index.php/2005/12/30/12-l-open-content-alliance
[3]) http://search.live.com/results.aspx?q=&scope=books

À cette fin, Microsoft a acheté une petite société appelée *Kirtas Technologies* dont ses scanners robotisés ont une capacité de scan de 2400 pages par heure[1]. Ce moteur de recherche permet de rechercher parmi les livres du catalogue, mais également au sein des ouvrages, comme le montrent les captures d'écran ci-dessous. A l'issue de la période de bêta test, qui devrait durer environ six mois, Live Search Books sera intégré directement au moteur de recherche principal de la firme.

Million Book Project

Menée par *Carnegie Mellon University School of Computer Science* et des bibliothèques d'universités, vise à digitaliser million de livres d'ici 2007[2]. Travaillant avec des associés de gouvernement et de recherches en l'Inde et Chine, le projet permet de numériser des livres en différents langues, en utilisant la OCR pour permettre la recherche à texte intégral, et en fournissant libre-à-lire l'accès aux livres sur le Web.

Vingt-deux centres de numérisation fonctionnent en Inde, y compris quatre méga-centres. Dix-huit centres fonctionnent en Chine, y compris un méga-centre dans une zone de libre-échange pour éviter des coutumes retarde avec des expéditions des livres des matériaux des États-Unis également sont numérisés en Egypte, en Hawaï, et Carnegie-Mellon.

À novembre 2005, plus de 600.000 livres ont été numérisés : 170.000 en Inde, 420.000 en Chine, et 20.000 en Egypte. Approximativement 135.000 des livres sont en anglais ; les autres sont dans langues indiennes, chinoises, arabes, françaises, ou autres. La plupart des livres sont dans le domaine public, mais la permission a été acquise d'inclure plus de 60.000 livres garantissant les droits d'auteur (approximativement 53.000 en anglais et 7.000 dans des langues indiennes).

La recherche inclut également des développements dans la traduction automatique, le traitement d'image, la gestion à grande échelle de base de données, la conception d'interface utilisateur, et les stratégies pour acquérir la permission de copyright à un coût accessible. Les associés indiens ont développé une traduction et interface utilisateur de transcrire en caractères différents. Les associés en Egypte développent une interface qui soutient l'annotation et

[1]) Julien Lefèbvre, *Mi-2007 : Windows Live Book Search*, infos-du-net.com, le 19/10/2006, http://www.infos-du-net.com/actualite/8421-windows-live-book.html
[2]) http://www.rr.cs.cmu.edu/mbdl.htm

accentuer. Les associés en Chine ont accompli le progrès remarquable sur la récupération d'image et l'analyse contenu-basées de machine des manuscrits calligraphiques.

Le National Science Foundation (NSF) a attribué le Carnegie-Mellon 3.63 millions de dollars sur quatre ans pour l'équipement et le voyage administratif pour ce prjet. L'Inde fournit 25 Millions de dollars annuellement aux projets de recherche de traduction de langue de soutien. Le ministère de l'éducation en Chine fournit 8.46 Millions de dollars sur trois ans. Les archives d'Internet ont fourni l'équipement, le personnel et l'argent. L'université des bibliothèques de la Californie chez Merced a placé le travail pour acquérir la permission de copyright des éditeurs des États-Unis[1].

Enfin L'Inde, la Chine et les États-Unis ont accepté en novembre 2005 d'adhérer à l'alliance contente ouverte (OCA), lancée par Brewster Kahle et les archives d'Internet, parce que les buts de l'OCA sont conformés à ceux de million de projet de livre et de bibliothèque universelle de Digital.

Bibliotheca Universalis

Formé à l'origine des pays du G7 (France, Japon, Allemagne, Canada, Etats-Unis, Italie et Royaume-Uni) et aujourd'hui ouvert à d'autres partenaires (dont la Belgique et la Suisse), ce projet vise entre autres la concertation des efforts de numérisation des bibliothèques nationales pour éventuellement favoriser la mise en réseau des collections.

Le projet *Bibliotheca Universalis*[2] a pour ambition de donner accès aux œuvres principales du patrimoine culturel et scientifique mondial - textes images, sons - par le biais des technologies multimédias. Il doit ainsi favoriser le dialogue culturel par-delà les frontières et améliorer les services rendus aux utilisateurs[3].

Est-ce que le projet *Google Book Search* se repose sur les critères et les bases logiques, pour être une bibliothèque universelle, qui diffuse le savoir à tout le monde ? Qu'en est-il en face des concurrents ? Mais encore, la réalisation d'une bibliothèque à l'échelle mondiale favorise-t-elle une culture dominante qui sera plus représentée et plus citée, ou au contraire permet-elle à toute les cultures y compris les cultures des minoritaires, qui n'ont jamais disposés d'un tel outil de promotion, d'être diffusées ?

---

[1]) http://en.wikipedia.org/wiki/Million_Book_Project
[2]) http://www.culture.gouv.fr/g7/index.html
[3]) http://www.culture.gouv.fr/g7/fr/aceuil4.htm

Dans les pages suivantes, nous essayons de lire profondément les intentions annoncées et celles qui nous paraîtra cachées dans les dires ou dans les actions afin d'éclaircir les horizons de ce projet, et mettre des jalons d'une tentative pour guider ceux qui sont en position d'hésitation entre le oui et le non.

Tout résultat obtenu de ce travail n'est qu'un pas dans une route qui nous parait longue et difficile.

Deuxième partie
Google face à Europeana

2.1. Présentation des objectifs de la recherche, de la démarche et de la méthode de traitement

L'objectif principal de notre recherche n'est pas de trouver qui est le meilleur que l'autre (Google ou Europeana). Nous sommes hors ce débat, mais nous voulons savoir qui est le plus proche d'une bibliothèque numérique universelle. Nous voulons savoir depuis ces deux modèles de bibliothèque : modèle d'une bibliothèque élaborée par une société commerciale qui est la firme Google et le modèle d'une bibliothèque nationale et ici nous prenons le prototype élaboré par la bibliothèque nationale de France qui s'appel Europeana.

Notre recherche va être basée sur une analyse des différentes bibliothèques. Nous allons évaluer les sites, tester des requêtes, étudier l'interface, l'ergonomie. Des études de cas précises vont être faite afin d'analyser profondément les différents services des bibliothèques

Enfin, les résultats vont être utilisés pour évaluer la qualité de service proposé par chaque modèle de bibliothèque : qualité des ouvrages, qualité des fonctionnalités offertes... afin d'élaborer un comparatif. Ce comparatif a le but de mettre en relief la différence entre les projets et n'ont pas de juger qui est le meilleur entre elles.

2.2. Analyse de Google recherche de livres

2.2.1. Exploration de site

Figure 4 : Page d'accueil de Google Recherche de livres

L'écran d'affichage est identique à celui du moteur de Recherche. Le *Google Book Search* utilise la même identité visuelle : grand logo centré et liens hypertextes pour les différentes modes de recherche (web, Images, Groupes…), un bouton pour lancer la recherche et un lien pour une recherche avancée et d'autres informations…).

Figure 5 : Options de recherche avancées chez Google recherche de livres

La recherche avancée permet le choix par : Titre, Auteur, Editeur, Date de publication et ISBN. Nous ne trouvons pas des recherches par thèmes, langues etc. comme dans la bibliothèque traditionnelle.

La Page de résultat Affiche des résultats qui peuvent être affinés par le clic sur : *Aperçu limité[1]* ou *Affichage du livre entier[2]*.

Figure 6 : Affichage des résultats dans Google rechercher de livres

Un clic sur un livre (le deuxième livre « Les misérables ») nous permet d'accéder à une page qui contient :

- Lien pour voir le livre en mode Plein Ecran

- Table des matières

- Recherche dans le livre

- Où acheter ce livre

Nous voyons aussi à chaque page en bas : « Numérisé par Google »

---

[1]) Si l'éditeur ou l'auteur a donné les autorisations adéquates, il vous est possible de consulter un nombre limité de pages du livre qui vous intéresse (explication de Google)
[2]) Vous pouvez consulter l'intégralité d'un livre si ce dernier appartient au domaine public ou si l'éditeur ou l'auteur a donné l'autorisation adéquate. Cette option vous permet d'afficher n'importe quelle page du livre en question (explication de Google).

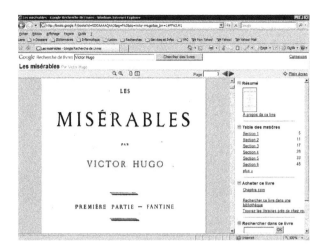

Figure 7 : Page 3 de livre Les misérables sur Google recherche de livres

Mais la numérisation n'est pas optimale, voyons la page 297 de ce livre : il y a des mots incomplets.

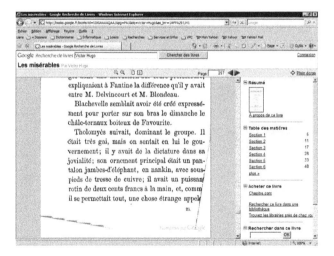

Figure 8 : déformation lors de numérisation (Google recherche de livres)

Ou bien, nous trouvons quelques déformations des mots comme dans la page 119 du même ouvrage

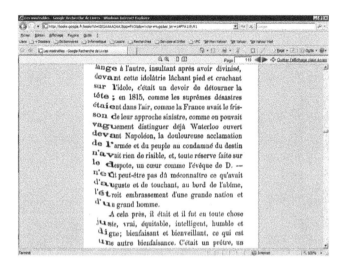

Figure 9 : déformation des caractères lors de numérisation (Google recherche de livres)

En cherchant une librairie qui vend ce livre dans notre zone, et par clic sur « *Trouvez les librairies près de chez vous* » nous avons mis « Paris » comme ville.

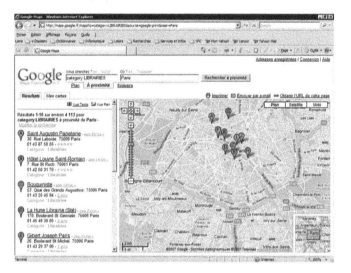

Figure 10 : Google Map

« Google Map » s'ouvre en indiquant les différentes librairies avec leurs adresses, numéros de téléphone et leurs places.

Un problème d'ergonomie : si nous voulons retourner à la page des résultats, nous ne trouvons ni lien ni bouton. En effet nous devons utiliser les boutons de notre navigateur pour retourner à la page précédente.

2.2.2. Etude de cas

1er cas : Recherche sur Victor Hugo

Le mot clé utilisé au cours de la recherche est : « Victor Hugo »
Nombre de résultats obtenus : 32322

Nous avons choisi le premier livre intitulé « *La légende des siècles* », nous avons téléchargé ce livre (dont la taille est 3.5 Mo). Le fichier alors est au format PDF, mais nous avons essayé d'effectuer une recherche sur le mot « réseau » au sein de ce fichier, mais le résultat est nul. En effet, ce livre est au format image. Alors que sur le site de Google nous avons pu effectuer cette recherche, nous avons trouvé ce mot à la page 6 du livre (sur le site Google) pourtant, il existe dans la page 15 du document PDF, téléchargé suite à un ajout des pages supplémentaires (ajoutées par Google au début du livre).

Résultat :

De ce fait, nous trouvons que Google conserve le fichier texte et donne possibilité de le télécharger en mode image.

2ème cas : Recherche sur Histoire d'Amérique

Notre deuxième recherche sur l'« histoire d'Amérique » est faite sur les portes de la bibliothèque numérique : *Books.google.com* et *Books.google.fr*

- **Sur Books.Google.com**

Le résultat est au nombre de : 5550
Parmi les résultats de la première page nous trouvons :
« Histoire de Canada », « Revue d'histoire de la France », « Histoire de la civilisation en France depuis la chute de l'Empire romain »

Le premier livre qui apparait est celui de *Charles Ogé BARBAROUX*, intitulé « *L'Histoire DES ETATS-UNIS D'AMERIQUE* » alors que nous ne trouvons qu'un seul mot marqué en jaune dans la première page de ce livre : « HISTOIRE ». Comment Google sait que « Histoire d'Amérique» veut dire Histoire des Etats Unis et pas du continent américain?

Passons à la lecture de cet ouvrage qui est en langue française, concernant l'histoire des Etats-Unis d'Amérique en 3 époques :

1) Premier établissement Européen, sur leur territoire, et finit à l'insurrection des colonies contre la métropole ;
2) Toute l'histoire de la révolution ;
3) La reconnaissance de l'indépendance Américaine par l'Angleterre jusqu'à nos jours.

Ce livre qui (constitue l'un des ouvrages de la Bibliothèque universitaire de Michigan) contient au début 2 pages en langue anglaise qui indiquent que ce livre « *a été choisi parmi une série de publications françaises d'un caractère semblable, et préparé pour l'usage des écoles dans ce pays [...] Les vues de notre histoire présentées dans ce travail sont ceux d'un étranger intelligent et impartial. Elles présentent le sujet dans un aspect légèrement changé par la position de l'auteur, de cela, nous sommes accoutumés pour le considérer...* ».

Ce livre, malgré son importance, n'existe pas dans les premières pages de résultats de Google books (France)

- **Sur Google.Books.fr**

Le résultat est au nombre de : 8540

Parmi les résultats de la première page nous trouvons :

« La Californie, Histoire des progrès de l'un des Etats-Unis d'Amérique », « Revue d'histoire de la France », « Histoire de la civilisation en France depuis la chute de l'Empire romain »

Le premier livre dans le résultat appartient aussi à la bibliothèque universitaire de Michigan, intitulé « l'Histoire d'Amérique lue au cabinet de lecture le 12 Mai 1857 » Par Maximilien Bibaud. Ce livre en langue française traite l'histoire de l'Amérique du sud : Pérou, Paraguay de point de vue politique. Enfin, ce livre se trouve dans la troisième position de résultat de Google Book.com.

Résultat

Nous avons constaté que :

- Les deux moteurs de recherche ne traitent pas les requêtes de la même façon et n'affichent pas les mêmes résultats quand la requête traite des sujets du patrimoine, ou l'historique en commun avec l'Europe.
- Google.com comprend que l'Histoire d'Amérique veut dire l'Histoire des Etats-Unis d'Amérique. Alors que Google.fr traite l'histoire du continent américain !
- La recherche par les mots clés ne donne pas le résultat voulu.

3ème cas : test des Requêtes

Nous avons testé quelques requêtes, au sein de cette recherche, dont voici les résultats :

Nombre des résultats			
Mots clés	Google Book (.fr)	Google Book (.com)	Remarque
George Washington	195600	196600	Les 2 premiers résultats sont identiques
Google	1622	1627	Les livres qui « critiquent » Google ne se trouvent pas parmi les résultats affichés.
Holocaust	16700	16700	Résultat identique
ابن رشد Avirust	173	173	Résultat identique
histoire d'Amérique	8540	5550	Google.fr a plus de résultats que .com
Страна	4110	4110	Résultat identique
국가	517	517	Résultat identique

Résultat :

Il est à souligner que :

- Nos ouvrages de références (*Google-moi, Comment Google mangera le monde, Quand Google défie l'Europe*) ne s'affichent plus parmi les résultats, alors que *d'autres ouvrages plus récents se trouvent parmi les résultats. (Ce qui attire l'attention envers la crédibilité du projet Google) et qui en constitue une autre vision.*

- *La bibliothèque contient des ouvrages de différentes langues : arabe, coréen, russe...*

- *Pas de différence entre les résultats quand la requête est établie par une langue différente de la langue française et/ou anglaise.*

- *L'affichage des résultats n'est pas identique*

4ème cas : « on such an important »

Lors d'une recherche sur Socrate et plus précisément la phrase anglaise : « *on such an important* » nous avons trouvé cet extrait qui est numérisé avec les doigts d'une personne.

Quelques jours plus tard, en cherchant la même phrase, nous avons trouvé cet extrait à la place du résultat su indiqué. Nous remarquons que la phrase a été supprimée avec les doigts.

Résultat

- Des questions peuvent être posées sur les robots scanners, ainsi que sur le rôle humain dans cette opération de numérisation. (**Ce qui n'est pas notre sujet**.)
- Pas de feedback dans l'opération de numérisation, afin de corriger les lacunes. De ce fait, Google ne trouve pas que la disparition de cette phrase « on such an important » dans les résultats touche la qualité de son service.

2.3. Analyse d' Europeana

2.3.1. Exploration de site

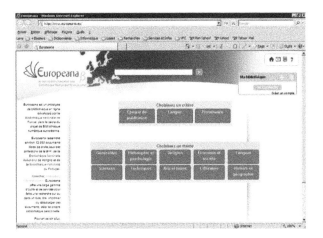

Figure 11 : Page d'accueil de site Europeana

A gauche de l'écran d'accueil du site *Europeana*, nous trouvons des informations précises, qui présentent le projet (contenu, partenaires, langues…). Dans le même écran, existent 3 outils, qui aident à cerner le champs de la recherche :

- Recherche par mot clé
- Recherche par critère : Epoque, Langue, Provenance
- Recherche par thème : Généralités, littérature, Sciences…

En cliquant sur l'un des critères ou des thèmes, nous trouvons d'autres options afin de raffiner la recherche.

Nous avons choisis « Victor Hugo » comme mot clé, ce qui retourne 3321 résultats. Pour Affiner notre résultat, nous avons utilisé la barre « Affiner » pour choisir la langue française et l'auteur Victor Hugo. La barre permet de donner des statistiques plus avancées sur le résultat obtenu. On remarque ici, qu'il faut cliquer sur cette petite flèche ▶ pour ouvrir la liste des choix à gauche (auteur, langue, Date, Provenance) ce qui rend la tâche un peu difficile. Pour consulter toute la liste, il suffit de cliquer sur « +++ » qui ne s'affiche pas bien au dessous de chaque fenêtre de critère.

Figure 13 : Option Auteur

Figure 12 : Option Langue

Nous choisissons *Français (3139)* dans la partie Langue et *Hugo, Victor* dans la partie Auteur. Ce qui nous donne 51 résultats.

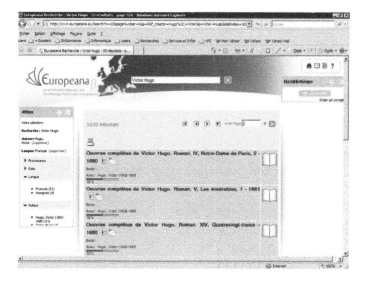

Figure 14 : Page de résultat (Europeana)

Nous devons toujours utiliser la barre de défilement pour voir les résultats. Choisissons Les misérables de Victor Hugo qui se trouve à la page 5.

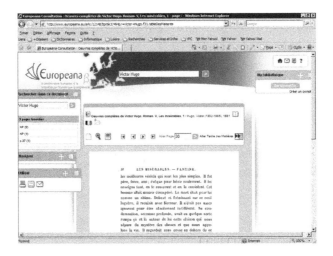

Figure 15 : Fenêtre d'affiche de livre (Europeana)

Le livre s'affiche, le problème de défilement qui gêne notre lecture persiste encore. En revanche, nous trouvons à gauche et en haut des outils intéressants :

Imprimer le livre, Enregistrer le livre, Envoyer par courriel

Table des matières, Pagination, Vignettes

Mode Image, Zoom, Mode Texte

Si on bascule en mode texte, on peut tout de suite sélectionner le texte pour faire un copier/coller.

En téléchargeant le fichier via l'icône de disquette, nous trouvons une fenêtre signalant le début de téléchargement sans que nous trouvions une indication sur la taille de fichier PDF.

Figure 16 : barre de téléchargement (Europeana)

Puis un fichier PDF s'ouvre dans la fenêtre en mode texte contenant 541 pages ; après l'avoir enregistré sur le disque dur, nous découvrons que sa taille est 14.5 Mo.

2.3.1. Etude de cas

1er cas : recherche de 16ème siècle

Nous avons essayé l'option choix par critère : « Epoque de publication » puis nous avons choisi « 16ème siècle », 51 résultats sont affichés. Afin d'affiner notre recherche, nous avons choisis la langue française (choisir Langue qui se trouve dans la fenêtre Affiner)

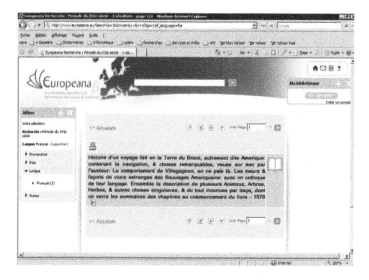

Figure 17 : page de résultat (Europeana)

L'action résulte l'image d'un livre que lorsqu'on clique en dessus, nous nous trouvons dans un autre site en langue portugaise.

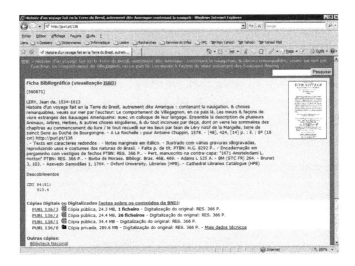

Figure 18 : Page de livre (bibliothèque nationale du Portugal)

Essayons de télécharger le livre, nous cliquons sur l'icône PDF

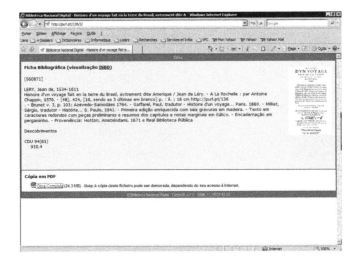

Figure 19 : Page de téléchargement de livre (bibliothèque nationale du Portugal)

Une autre page s'ouvre, avec un lien qu'on doit le cliquer pour consulter le fichier PDF (de taille 24 Mo), ou bien utiliser un clic sur le bouton droit de la souris, et choisir *Enregistrer sous.* Après le téléchargement, nous découvrons que ce livre contient 483 pages numérisés soigneusement en mode image, ce qui explique sa grande taille.

Résultat :

- Le fond de la bibliothèque nationale de Portugal n'est pas inclut physiquement (stocké dans les bandes magnétiques) d'Europeana
- Le déplacement vers un autre avec une langue différente comme notre cas ici pose des problèmes ergonomique, fonctionnel pour l'utilisation d'Europeana

2ème cas : tester le mode texte

En prenant un livre de 16ème siècle intitulé « Amant rendu cordelier à l'observance d'amours » de Martial d'Auvergne. En essayant de le basculer en mode texte, nous nous trouvons devant un résultat catastrophique : les mots ne sont pas lisibles ou bien ne sont pas compréhensibles.

> gfcste otteqitée nm SK° ta pmtit
> ffat ^lt ei)yncr oim> c/îe
>
> £otjny 55oft fm>re fe fofttf
>
> ^Cc temps ny tft pete ne 5$etmdf
> ^OMfioure v fait o6fcut notv
> «cnaqttcmffcfjM&tictf
>
> tf e^ott iatSn) bc bcfcfpotr

Figure 20 : livre en mode texte (Europeana)

Résultat :

- Absence de vérification de contenu après l'opération de l'OCR.
- Une langue française ancienne demande une saisie et pas l'utilisation de l'OCR.

3ème cas : Utiliser un compte

Après avoir créé un compte (qui est très facile), nous nous connectons à travers ce compte et effectuons une recherche par hasard (Victor Hugo).

Figure 21 : Page de résultat + option de compte (Europeana)

Une icône apparaitra à droite de chaque résultat

Tout en cliquant sur cette icône, une information d'ajout de cet ouvrage dans le répertoire 'Mes documents' s'affiche :

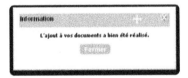

Figure 22 : Message de confirmation d'ajout des documents (Europeana)

Alors, pour accéder aux documents ajoutés, il suffit de cliquer dans la fenêtre de mon compte sur « Mes documents »

Figure 23 : fenêtre des options de compte (Europeana)

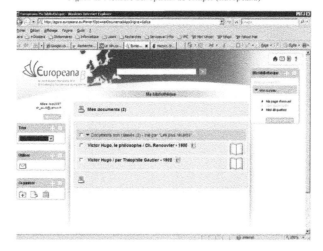

Figure 24 : Page de Mes documents (Europeana)

Par la suite nous trouvons les documents ajoutés avec la possibilité de les réorganiser, soit par la suppression, par l'ajout et par le tri.

2.4. Le comparatif

Etablir une comparaison entre deux projets qui sont différents est une mission un peu difficile. Nous essayons d'après les informations que nous avons rassemblées, soit par notre recherche, soit par les émissions de radio ou les articles comparatifs (qui sont rares), d'établir un comparatif structuré.

Le catalogue

Europeana propose la consultation de 12.000 ouvrages libres de droits. Le projet veut atteindre 6 millions de livres en 2010. Le catalogue de Google est nettement plus important. Le moteur vient de franchir le cap d'un million de livres scannés, dont des ouvrages soumis au droit d'auteur. Le but est d'atteindre les quinze millions ouvrages en 2010. D'autres langues, et notamment le français, sont représentées tels que l'arabe, le russe, le coréen, le chinois …

Les partenariats

Idéalement, chaque bibliothèque nationale européenne devra apporter sa brique au projet Europeana. Ce qui est encore loin d'être le cas, puisque le prototype français ne s'ouvre que vers la Hongrie et le Portugal. En effet, cinq bibliothèques européennes ont signées un accord de numérisation avec Google.

Google compte lui, entre autres, sur le soutien des seize bibliothèques déjà affichées dans la liste des partenaires. Avec dix autres bibliothèques qui ont récemment signées un accord de partenariat, nous trouvons vingt six partenaires pour son projet.

La classification

Europeana tente de guider l'internaute : le champ de recherche est complété par des entrées selon des critères thématiques, de langue, d'époque ou de provenance. Ces critères sont repris par la suite, pour affiner les résultats. Une recherche sur « Victor Hugo » permet par exemple de limiter les résultats aux ouvrages de l'auteur, d'autres écrivains, mentionnant Hugo. Nous pouvons aussi choisir la langue d'ouvrage ou bien sa date.

Rien de tout cela n'existe chez Google, dont la mise en page demeure sommaire. Le moteur américain bénéficie cependant d'une recherche avancée, fonctionnalité qui n'est pas encore intégrée dans European : Recherche par ISBN, Editeur, Date…

Les fonctionnalités

Europeana est indéniablement plus riche que Google Livres. En créant un compte, l'internaute peut archiver des pages et y ajouter des étiquettes (des « tags », en anglais). A la manière d'un NetVibes, les palettes d'outils se déplacent librement sur la page. Les deux sites offrent une recherche dans le livre ainsi que le téléchargement en PDF. Europeana propose, par ailleurs, l'envoi par courriel, tandis que Google permet de commander les livres sur Amazon, Chapitre.com ou les boutiques des éditeurs.

La différence vient également des modes de visualisation. Là où Google se limite à l'image, Europeana ajoute le texte. Ce qui permet, par exemple de copier-coller des extraits d'ouvrages dans un traitement de texte. Toutefois, quelques scories subsistent dans la transcription. En revanche, la qualité de la numérisation en mode image est plus convaincante sur Europeana que sur Google qui, sur un même texte peut laisser des tâches, voire des paragraphes illisibles.

Les moyens

Google avait frappé un grand coup en annonçant la numérisation de quinze millions de livres en dix ans, pour une centaine de millions de dollars. Il est à noter que google obtient ces argent de la publicité seulement, et que tous ses services sont gratuits.

La position de la BnF est moins confortable. La bibliothèque a obtenu 3,3 millions d'euros en 2006 pour financer son test, préparer sa maquette, numériser en mode texte les deux tiers des ouvrages de Gallica et 30.000 nouveaux ouvrages.

En 2007, elle dispose d'un budget de 10 millions d'euros qui servira à numériser et à convertir 100.000 nouveaux documents. Cette somme provient d'une taxe sur les appareils de photocopie, appelée à être pérennisée. La BnF finalise également un « mécénat technologique » avec France Télécom.

Troisième partie
Vers une bibliothèque universelle

3.1. Il était une fois Une bibliothèque

Il n y a aucun doute que Google est un empire qui dispose d'une évolution technologique supérieure et un large pouvoir d'investissement sur les projets qui peuvent renforcer la position de cette firme, face aux concurrents.

Google « a pour mission d'organiser à l'échelle mondiale, les informations dans le but de les rendre accessibles et utiles à tous[1] ». La recherche dans les livres vient dans ce contexte. Tant que la recherche de Google est plus précise, performante et affinée que Google gagne plus d'argent. De ce fait, la bibliothèque est selon Google un porteur d'informations qui demande une indexation. Son but n'est pas de monopoliser le savoir mais de gagner de l'argent à travers la diffusion de savoir.

3.1.1. Savoir pour tous ?

Il était très clair durant notre analyse que Google a pu numériser un nombre considérable des livres sans favoriser une langue sur autre. On ne trouve pas une domination d'une culture sur autre. En effet, c'est le contenu des bibliothèques qui seront numérisées et l'accord signé entre Google et ces bibliothèques, consiste à numériser tout leur fonds. De ce point de vue, nous avons trouvés beaucoup d'œuvres en langue française qui appartiennent à des bibliothèques universitaires anglo-saxonnes.

Ajoutons que la participation de cinq bibliothèques européennes dans ce projet confirme ce que nous pensons. Et la quantité des ouvrages en langues française est importante. Déjà nous trouvons des milliers de livres en cette langue qui nous permet de dire que Google s'ouvre sur diverses cultures.

En effet, nous avons trouvé des résultats en différentes langues : arabe, chinois, japonais, coréen, portugais, espagnole, allemand, hébreu… Malgré le nombre limité de ces ouvrages, par rapport à celles en langue anglaise et française, Google nous a donné une démonstration sur le contenu de la bibliothèque universelle selon la philosophie de *Larry Page* et *Sergey Brin.* La nouvelle bibliothèque de l'Alexandrie qui diffuse le savoir universel.

---

[1]) Voir la présentation de Google : http://www.google.fr/intl/fr/corporate/index.html

3.1.2. Une bibliothèque et plusieurs portes

Par contre, Google ne donne pas les mêmes résultats à travers leurs sites : nos tests ont prouvé que la plupart des résultats sur le site Books.Google.fr sont inférieurs à celle de Books.google.com. Parfois Google essaye de comprendre (pour ne pas dire impose) quelques résultats qui ne sont pas identiques à notre besoin. Aucune technologie n'est innocente. Nous voyons que les premiers résultats se diffèrent entre le domaine .**com** (utilisé souvent par les Anglo-Saxonnes) et le domaine .**fr** (utilisé par les francophones). Alors que nous ne voyons plus la raison pour qu'une seule bibliothèque (qui est la bibliothèque Google Book Search) a plusieurs entrées qui donnent des résultats différents.

Nous nous trouvons tout à fait d'accord avec Jean-Noël Jeanneny, lorsqu'on tape un mot clef, le moteur de recherche propose un grand nombre de pages de références, mais seules les deux ou trois premières sont réellement consultées. D'où l'importance de ce qu'on y trouve. Google, le premier qui sait cette réalité, affiche les premiers résultats différemment dans ses différentes interfaces (française et anglaise).

Une recherche sur Victor Hugo à travers le site Books.Google.es est intéressante. Le premier livre apparu est en langue espagnole qui porte le nom de « Ben-Hur » de Lewis Wallace, alors que le deuxième porte le titre de « Les misérables ». Ce qui nous rend stupéfié, c'est que dans le premier livre le nom Victor Hugo ne se répète qu'une seule fois dans tout le livre : la page qui contient les informations de l'éditeur (qui vend ce livre) qui est le partenaire de ce projet et son logo s'affiche dans l'interface de la page Google lorsqu'on visualise un de ses livres.

Comme le dit Google « *Don't be Evil !* » nous pouvons dire que c'est une simple faiblesse de la recherche par mot clés adaptés par Google, sans lier ce phénomène avec le but lucratif de la société.

Malheureusement, les chinois n'ont pas de chance avec Google (Books.google.cn), le moteur de recherche dédié pour eux n'affiche que six résultats pour une recherche de « Victor Hugo ». Nous pensons que ce n'est pas juste une différence d'interface d'où Google changera la langue pour chaque pays. Ce sont des interfaces qui jouent le rôle de filtration. Google contrôle la diffusion du savoir à travers les différentes interfaces et diffusent les informations selon des critères spécifiques.

3.1.3. Mots clés vs Annuaires

Un autre aspect que nous nous trouvons d'accord avec Jeanneny sur le niveau d'efficacité d'une recherche par mots clefs. Google admet une démarche exhaustive : mots clefs soulignés en jaune au cœur des textes ; liens vers les sites mentionnant l'ouvrage, le site de l'éditeur, l'adresse de la bibliothèque la plus proche qui possède l'ouvrage (en chantier)... et bien sûr la possibilité d'acheter en ligne. Une démarche qui ignore les procédés bibliographiques traditionnels : historique, structure des documents, classements par genres, par thèmes... qui sont appliqués par Europeana. Ici nous trouvons que l'utilisation des annuaires est plus efficace, académique et fiable. Alors que parfois nous trouvons que le mot clef nous amène à une seule place dans un livre : une note bas de page !!!

Europeana propose une recherche avec justesse, avec des outils qui permettent d'affiner la recherche. Une recherche de « victor Hugo » peut être précisée si je suis entrain de rechercher les œuvres de victors Hugo ou bien les ouvres qui ont traités victor Hugo. Sans cette démonstration, offerte par Europeana, il était un peu difficile de qualifier la fiabilité d'une recherche par mot clefs.

3.1.4. Commercialisation de savoir

Nous partageons la même inquiétude pour une commercialisation de savoir. Google ne donne plus le fichier en mode texte, elle le conserve. A quoi ça sert d'offrir gratuitement une copie qu'on ne peut pas l'utiliser pour effectuer : copier/coller ou une recherche dans ce fichier ?

Google Books Search utilise des métadonnées orientées commercialement afin d'indexer les livres. Nous trouvons l'ISBN ou l'éditeur ce qui permet, par la suite, de faciliter la recherche d'un livre pour achat chez Amazon ou Chapitre.com. « *C'est la publicité qui paiera pour cette grande bibliothèque gratuite mais en imposant ses lois, ses choix* » persuadait Alberto Manguel lors de lancement du projet.

Aussi, nous ne trouvons plus les outils qui aident le lecteur à bénéficier de la puissance de Google durant sa consultation. Google offre sa force des services (pour le moment) pour aider le lecteur à trouver la librairie pour acheter son livre. Google Map s'intervient pour aider l'internaute à trouver rapidement et aisément le point de vente le plus près. Et comme ça, vient l'aspect lucratif de la société qui va bénéficier d'un pourcentage pour chaque achat à travers elle.

Nous rappelons ici ce que *Jens Dustin Redmer*, directeur du service Google Recherche de Livres en Europe, a affirmé dans le « Livre Hebdo[1] » qu'il n'existe aucun lien publicitaire affiché sue celles-ci « Nous ne percevons donc aucun revenu là-dessus ! ». Nos tests sur des livres commerciaux comme « *DA VINCI CODE* » à travers le moteur recherche des livres ont donnés des résultats bien différents de ce que les responsables déclarent au sujet de l'inexistence des liens commerciaux. Le programme Adsense est intégré dans ce projet pour que Google se profite de son programme commercial.

3.1.5. Dont trust it !!!

Pouvons-nous faire confiance à Google ? Aucune personne ne peut négliger la puissance ce cette firme et son moteur de recherche. D'ailleurs, c'est notre porte (ou la silhouette de passage aux autres projets comme Europeana, OCA, Live Books….)

Nous sommes en doute envers les résultats affichés par Google. Nos tests ont bien démontré que Google « triche » dans les résultats affichés à travers son moteur de recherche des livres. Mais qu'est ce que vous dites ? Une simple recherche sur un sujet médiatisé ou un nom connu par la planète « BIN LANDEN » donne un nombre de résultat très impressionnant : 3391. Qui a la patience et le vouloir de tester les liens un par un ?

Daniel Ichbiah dans son ouvrage : « Comment Google mangera le monde [2]» raconte comment Google impose ses règles de jeux, comment elle exclut leurs rivaux de son moteur de recherche sans qu'ils sachent ou bien sans qu'ils ont le droit ou le pouvoir de défendre[3].

Retournons à notre recherche, et pour dénoncer la théorie d'Ichbiah, nous avons passé une longue journée afin de tester les liens un par un. Parmi les 3391 livres annoncés par Google il n'existe effectivement que 119 livres !!! Où sont les autres ?

---

[1]) Daniel Ichbiah : *Comment Google mangera le monde.* L'Archipel, 1ère édition, Paris 2007, p.219-220
[2]) Ibid

[3]) « La sanction a été forte : durant quarante-huit heures, le site BMW n'est plus apparu sur les pages résultats de Google. C'est ainsi, commente un professionnel de référencement Google définit les règles » Ibid p 234.

Une question qui doit être posée à Google, mais un conseil peut être affiché aux internautes : « Dont trust it !!!! »

3.1.6. Faut-il avoir peur de Google ?

Nous pensons que pour ce moment, dans la version béta, Google est loin d'être un diffuseur de savoir universel. La comparaison faite entre l'état de l'existant (quelque soit des articles, des interviews, des livres) et ce que nous avons testé, prouve que Google est plus proche de ses buts, lucratif et non annoncé, que la diffusion de savoir. Mais nous sommes quand même impressionnés par la quantité et la diversité du contenu.

La présence des projets concurrents tels que Europeana va surement motiver Google pour changer la manière dont elle traite sa bibliothèque. La firme américaine, à travers son directeur général de Google France, affirme que la société est entrain de suivre le projet Europeana[1]. Google n'est pas le seul dans le terrain et d'autres concurrents tels que Microsoft et OCA vont entrer bientôt dans le terrain.

Malgré que notre test ne fût pas positif pour ce qui concerne Google Book Search, mais la quantité d'informations et le pouvoir de rechercher parmi des milliers des livres et le téléchargement des ouvrages nous suscite de porter salutation à Google.

Néanmoins, nous pouvons dire que le monde est actuellement dans le chemin qui nous amènerait à l'ère de la bibliothèque universelle, mais sous quelles conditions et par quel prix ?

---

[1]) -"Masse critique", le magazine des industries culturelles par Frédéric Martel sur France Culture, samedi 14 Avril 2007 : Papa, Maman, Google et moi.

Conclusion

Ce débat nous a attiré l'attention sur les enjeux culturels, commerciaux, technologiques et juridiques de la numérisation des ouvrages. Il a poussé les différents acteurs de renouveler la réflexion, ce qui explique la diversité des projets de numérisation qui sont entrain de se développer.

Après avoir traité les réactions et les enjeux du projet Google, des questions surgissent vivement à ne pas les ignorer :

I - Si la publication du patrimoine est devenu une nécessité, alors qui se charge t-il de cette mission ? Avec quel acteur ? Sous quelle stratégie ? Avec quelles priorités ?

II - Ce projet de numérisation a pour but de conserver et diffuser le savoir pour tous. Les pays, les bibliothèques, les acteurs américains, occidentaux, asiatique sont déjà commencé. Mais pour les autres : l'Afrique et l'Amérique Latine, qui se charge t-il de conserver leurs patrimoines ? Selon quel contexte ? Avec quel prix ?

III - Les bibliothèques ne disposent pas seulement des livres, il y a la matière audio-visuelle dont les supports se dégradent rapidement et qui demandent d'autre technologie de traitement et de conservation, et nécessite une taille beaucoup plus grande que les livres numérisés. Quelle est la stratégie adoptée pour sauver cette partie du patrimoine humain ?

La prise en charge de la numérisation des ouvrages par une société commerciale pose des questions importantes : Que se passe t-il si cette entreprise est tombée en faillite ? Qu'elle est la destination des ouvrages numériques dans ce cas ?

Quel destin attend les cultures minoritaires ? Doivent-elles mordre la poussière si les projets de numérisation ne voient pas d'importance de les numériser ?

Des questions qui exigent des réponses que n'importe quelle région ne possède le droit d'en prendre la responsabilité sans les autres. Cette tentative de recherche n'en plus. Des points d'interrogation qui demandent une réflexion plus profonde, qui vise à affranchir des horizons vastes devant des nouveaux défis de l'ère de l'internet.

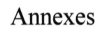

Annexes

Chronologie de débat

- **octobre 2004** : Google présente son projet **Google Print for Editors** (pour les éditeurs) lors de la foire du livre de Francfort (Allemagne), en vue de pouvoir consulter des livres d'éditeurs en ligne
  - Le site de la Frankfuter Buchmesse : http://www.frankfurt-book-fair.com
  - Le site Google Print **pour les éditeurs** : http://print.google.com/googleprint/publisher.html

- **14 décembre 2004** : annonce du projet **Google Print for Libraries** (les bibliothèques), qui devrait proposer proposer près de 15 millions de livres numérisés (soit 4,5 milliards de pages), issus de 5 bibliothèques anglo-saxonnes (4 américaines : celles de Harvard, de Stanford, de l'université du Michigan, et la bibliothèque publique de New York ; 1 anglaise : Oxford), avec lesquelles un accord a été signé.
  - Le site Google Print **pour les bibliothèques** : http://print.google.com/googleprint/library.html

- **22 janvier 2005** : Jean-Noël Jeanneney, Président de la Bibliothèque nationale de France (BnF), **réagit** dans un article intitulé *Quand Google défie l'Europe* publié dans le journal Le Monde : « *Voici que s'affirme le risque d'une domination écrasante de l'Amérique dans la définition de l'idée que les prochaines générations se feront du monde.* »

- **depuis fin janvier 2005** : nombreuses interventions de **Jean-Noël Jeanneney** (presse, radio, conférence,...) sur le sujet

- **16 mars 2005** : Le **Président de la République** reçoit le Ministre de la culture et de la communication, et le Président de la Bibliothèque nationale de France (BnF) ; il soutient l'idée dune bibliothèque numérique européenne : « *Un vaste mouvement de numérisation des savoirs est engagé à travers le monde. Riches d'un exceptionnel patrimoine culturel, la France et l'Europe doivent y prendre* *une part déterminante. Il s'agit d'un enjeu fondamental pour la diffusion des connaissances et la valorisation de la diversité culturelle.* »

- Le communiqué de presse de l'Elysée : *Communiqué sur l'accessibilité des bibliothèques de France et d'Europe sur internet*, Article *Jacques Chirac veut promouvoir un projet de bibliothèque virtuelle européenne*, de Béatrice Gurrey et Emmanuel de Roux, journal Le Monde, le 17 mars 2005, **fin avril 2005** : les bibliothèques nationales de 19 pays, puis 6 chefs d'État et de gouvernement européens appelent à une coopération de l'Europe pour la **création d'une bibliothèque numérique européenne**
  - o Article *Plaidoyer pour une «bibliothèque numérique européenne»*, de la rédaction de ZDNet France, le 28 avril 2005,

- Article *19 bibliothèques en Europe signent un manifeste pour contrer le projet de Google*, journal Le Monde, le 27 avril 2005, Emmanule de Roux, **27 avril 2005** : parution du **livre** *Quand Google défie l'Europe, plaidoyer pour un sursaut*, de Jean-Noël Jeanneney, éditions Fayard, collection « Mille et une nuits » , 114 pages , 9 €

- La fiche du livre sur le site de l'éditeur, **2 et 3 mai 2005** : **prise de position favorable** au projet de bibliothèque numérique européenne de la part de responsables européens lors des *Rencontres pour l'Europe de la culture*, à la Comédie Française (Paris) : Jean-Claude Juncker, Premier ministre luxembourgeois et alors président en exercice de l'Union, a apporté son soutien à l'initiative d'une bibliothèque numérique européenne, ainsi que Viviane Reding, commissaire à la Culture.
  - o Le dossier du Ministère de la Culture et de la Communication sur Les Rencontres pour l'Europe de la culture,

- Article *L'Europe en ligne pour sa bibliothèque, de Bruno Masi*, journal Libération, le 4 mai 2005, **fin mai 2005** : les premières **consultations** sont possibles sur le site Google Print
  - o Article *Google inaugure sa bibliothèque numérique*, Estelle Dumout, ZDNet France, le 1er juin 2005,

- **1er juillet 2005** : **lettre ouverte** sur Formats-Ouverts.org pour des standards ouverts et des logiciels libres, sans brevets logiciels : *Lettre ouverte - L'Europe et les nouvelles technologies : vouloir le meilleur mais risquer d'obtenir le pire, l'exemple de la bibliothèque numérique européenne*

- **11 juillet 2005** : annonce de la **première réunion** du comité de pilotage en vue de la création d'une bibliothèque numérique européenne
    - Le communiqué de presse, *Le ministre de la culture et de la communication, M. Renaud Donnedieu de Vabres, installera mercredi 13 juillet le « comité de pilotage en vue de la création d'une bibliothèque numérique européenne »*, site du Ministère de la culture et de la communication,

- **12 juillet 2005** : signature du **décret** n° 2005-780 du 12 juillet 2005 instituant un comité de pilotage en vue de la création d'une bibliothèque numérique européenne
    - paru au Journal Officiel n° 162 du 13 juillet 2005, page 11455, texte n° 43,
    - références NOR: MCCX0508574D

- **13 juillet 2005** : première réunion du **comité de pilotage** en vue de la création d'une bibliothèque numérique européenne

- **août 2005** : **Amazon** lance la fonction « *Chercher au cœur* » sur son site français pour consulter en ligne une partie des livres proposés

- **11 août 2005** : **Google** annonce la suspension de ses opérations de numérisation *Google Print for Libraries* jusque début novembre par suite de désaccord avec des éditeurs américains à propos de la numérisation des ouvrages des bibliothèques sans accord de leurs auteurs
    - Annonce officielle dans l'article *Making books easier to find*, le 11 août 2005, de Adam M. Smith (Google Print Product Manager),

- **16 août 2005** : annonce du **deuxième comité de pilotage** et la réaction à la **suspension** de Google Print
  - Le communiqué de presse du Ministre de la culture, le 16 août 2005, *Renaud Donnedieu de Vabres réunira pour la seconde fois le comité de pilotage du projet de création de la Bibliothèque numérique européenne mardi 30 août prochain,*

- **30 août 2005** : deuxième **comité de pilotage**
  - le compte-rendu dans le communiqué de presse *Le comité de pilotage en vue de la création d'une bibliothèque numérique européenne a tenu sa deuxième réunion de travail ce mardi 30 août sous la présidence de Renaud Donnedieu de Vabres,* le 30 août 2005.

- **début septembre 2005** : les **éditeurs français** peuvent proposer leurs livres au programme *Google Print for Publishers* en vue de consultations d'extraits des ouvrages numérisés

- **mi-septembre 2005** : action collective en justice **d'auteurs** contre Google Print

- **20 septembre 2005** : interview de **Jean-Noël Jeanneney** : il y traite de l'importance symbolique, politique et cultutelle du projet, de sa durée (3 à 4 ans), de son côut (peut-être 300 à 400 millions d'euros à 25 états, pour 5 à 6 millions de livres européens), de la position de la France (à l'initiative du projet avec sa réaction du 22 janvier, et qui a aussi Gallica).

- **21 au 23 septembre 2005** : 9e rencontres de **l'Ichim**, à Paris, avec ouverture par Jean-Noël Jeanneney (sur la Bne) et aussi intervention d'autres interventions autour de ce sujet, notamment un responsable de Google à propos de Google Print.

- **Calendrier prévu** (au 15 septembre 2005) :
  - septembre 2005 : travail du groupe d'experts ;
  - des propostions de la France seront faites à ses partenaires européens ;
  - troisième semaine d'octobre 2005 : tenue du troisième comité de pilotage (lu dans l'article de Libération du 1er septembre) ;

- 14 décembre 2005 : un an après l'annonce de Google, remise au Président de la République du Livre blanc.

- **30 septembre 2005** : la **Commission européenne** soutient les bibliothèques numériques européennes
  - le communiqué de presse, *La Commission dévoile ses plans pour créer des bibliothèques numériques européennes*, le 30 septembre 2005,

- **3 octobre 2005** : annonce par **Yahoo!** du lancement du projet de bibliothèque numérique OCA, Open Content Alliance
- **6 octobre 2005** : intervention de **Jean-Noël Jeanneney** au 12e Forum de la GEIDE

- **10 octobre 2005** : **journée d'études** organisée par l'Association des bibliothécaires français (ABF) et la BnF, intitulée *Bibliothèques numériques, où en sommes-nous ?*, à Paris.

  - **13 octobre 2005** : **colloque** intitulé *Patrimoine, numérisation et accès aux savoirs*, à Bordeaux, dans l'Hôtel de Région du Conseil Régional d'Aquitaine ; lors des questions de la salle, Jean-Noël Jeanneney, président de la Bibliothèque nationale de France (BnF) est interrogé sur la problématique des standards ouverts : est-elle prise ne compte par le comité de pilotage du projet de création de la Bibliothèque numérique européenne ? Le Président de la BnF **a répondu** « *oui, bien sûr* ».

- **12 octobre 2005** : discours du **Ministre de la culture** pour Lire en fête qui cite le projet de Bibliothèque numérique européenne **mi-octobre 2005** : l'association des éditeurs américains (Association of American Publishers, AAP) porte **plainte pour violation** du copyright contre Google

- **17 octobre 2005** : les versions de Google Print **pour 8 huits pays européens** sont en ligne (Allemagne, Autriche, Belgique, Espagne, France, Italie, Pay-Bas et Suisse)

- **17 octobre 2005** : à 9h30, tenue du **troisième comité de pilotage**, sans diffusion de l'information avant ni après

- **25 octobre 2005** : annonce de **Microsoft** que son service **MSN** rejoint le projet de bibliothèque numérique OCA, Open Content Alliance

- **31 octobre 2005** : **Google** annonce que la numérisation de livres reprend le 1er novembre après presque de 3 mois de pause

- **fin octobre 2005** : des **éditeurs allemands** annoncent qu'ils souhaitent numériser eux aussi des livres, sans passer par le projet de Google

- **3 novembre 2005** : **Google** ouvre sa bibliothèque Google Print avec des livres numérisés, du domaine public et issus du projet ;

- **3 novembre 2005** : **Amazon** annonce qu'il sera possible de se procurer une version numérique d'un livre déjà acheté, mais aussi de ne choisir qu'une page, un chapitre ou une section ;

- **4 novembre 2005** : **Microsoft** et la **British Library** annoncent « *un partenariat stratégique* » ;

- **4 novembre 2005** : réaction de **Jean-Noël Jeanneney**, qui regrette que la British Library fasse « *affaire en solo* ».

- **7 novembre 2005** : discours du **Ministre de la culture** à propos de la bibliothèque numérique européenne et de la bibliothèque nationale de Lettonie

- **14 novembre 2005** : Conseil des **ministres européen** de la Culture et de l'Audiovisuel, à Bruxelles, avec le projet de Bibliothèque numérique européenne à l'ordre du jour : *Les ministres ont finalement procédé à un échange de vues sur la communication de la Commission "i2010: bibliothèques numériques".* (texte du communiqué de presse du Luxembourg, rien du côté français)

- **mi-novembre 2005** : Google a annoncé mi-novembre que le nom de son projet Google Print disparaissait au profit de **Google Book Search** (mais l'adresse est Books.Google.com, avec un pluriel).

- le site *Google Book Search*, http://books.google.com

- **17 novembre 2005** : rencontre à Paris entre **représentants** de la BnF (Bibliothèque nationale de France) et de la BL (British Library), alors que cette dernière a annoncé un « *partenariat stratégique* » avec Microsoft portant sur la numérisation

- **novembre 2005** : Google a acheté des noms de domaines avec les termes **paper, microfilm et magazine**, ce qui peut laisser penser à une utilisation prochaine. De plus Google envisage de **louer** en ligne des livres.

- **5 décembre 2005** : le ministre de la culture présente au Sénat **le budget** de son ministère, avec l'annonce du montant du budget pour le comité de pilotage de la bibliothèque numérique européenne : « *Enfin, le comité de pilotage de la bibliothèque numérique européenne, que je préside, avance et **sera doté de 400 000 euros** l'an prochain, si vous adoptez le budget qui vous est soumis, afin que de ce grand et beau projet, voulu par le Président de la République, jaillissent de nouvelles sources de connaissances et de découvertes accessibles à tous les publics.* »

- **10 janvier 2006** : trois **articles de presse annoncent** le quatrième comité de pilotage,
    - une dépêche de l'AFP citant Agnès Saal, directrice générale de la Bibliothèque nationale de France (BnF), indique notamment que « l'objectif 2006 est de démarrer tout de suite en coopération avec quelques États ».
    - une interview dans *Les Echos* de Jean-Noël Jeanneney, président de la Bibliothèque nationale de France (BnF), indique que le calendrier est que « la BNE voie le jour d'ici à la fin de l'année et trouve une vitesse de croisière en 2007 ».
    - un article dans *Le Monde* reprenant les propos d'Agnès Saal et développant ;
        - article *La "bibliothèque numérique européenne" bientôt en ligne*, le 10 janvier 2006, Le Monde,

- **11 janvier 2006** : 16h-19h, **réunion du comité de pilotage** pour la bibliothèque numérique européenne

- **12 janvier 2006** : communiqué de presse à propos du 4e comité de pilotage sur la Bne, avec l'état du projet.

- **31 janvier 2006** : remise au Ministre de la Culture et de la Communication, Renaud Donnedieu de Vabres du rapport « *Bibliothèque Numérique Européenne* », rédigé par Alexandre Moatti, Valérie Tesnière (BnF), Noémie Lesquins (BnF) et fruit des travaux du Comité de pilotage « Bibliothèque numérique européen » qui s'est réuni 4 fois entre le 13 juillet 2005 et le 11 janvier 2006 : fichier PDF, http://bibnum.over-blog.com/article-4226019.html

- **Mercredi 8 février 2006** : le projet de bibliothèque numérique européenne fait l'objet d'une **communication lors du Conseil des Ministres** :

- **Février 2006** : la revue mensuelle *La lettre d'information du Ministère de la culture et de la communication*, n°134 de février 2006, consacre **sa couverture et un dossier** à la bibliothèque numérique : *La bibliothèque numérique européenne entre dans sa phase opérationnelle*, 3 pages (7 à 9)

- **Février 2006** : le site du Ministère de la culture **propose un dossier** intitulé « Bibliothèque numérique européenne », **Février 2006** : l'organigramme de la Bibliothèque nationale de France (BnF) mentionne un « département de la bibliothèque numérique », dont la directrice est Catherine Lupovici, dépendant du Président de la BnF, Jean-Noël Jeanneney. Mais cela n'est pas récent.

- **28 février 2006** : réunion des **6 bilbiothèques nationales** de Belgique, Canada, France, Luxembourg, Québec et Suisse. La suite le 24 mars...

- **2 mars 2006** : la Commission européenne a annoncé dans un communiqué de presse **plusieurs décisions** à propos du projet de la bibliothèque numérique européenne (BNUE), « *projet phare de la stratégie globale de la Commission pour stimuler l'économie numérique* » :
    - dénommée *TEL, The European Library*, elle a été lancée par des membres de la Conférence des bibliothécaires nationaux européens ;

o les résultats de l'enquête lancée du 30 septembre 2005 au 20 janvier 2006 sur les bibliothèques numériques ont été publiés ;

o *27 mars 2006* : réunion d'un groupe à haut niveau sur la bibliothèque numérique européenne, présidé par Mme Reding. Il réunira les principales parties concernées de l'industrie et des institutions culturelles et abordera des questions telles que la collaboration entre les secteurs public et privé dans le domaine de la numérisation et des droits d'auteur ;

o *mi-2006* : présentation d'une proposition de recommandation sur les obstacles à la numérisation et à l'accessibilité en ligne ;

o *fin 2006* : mise en place d'une collaboration entre les bibliothèques nationales de l'UE ;

o *en 2006* : la Commission présentera sa stratégie pour la création de bibliothèques numériques consacrées au contenu scientifique et universitaire ;

o *avant la fin 2006* : une communication de la Commission sur le «contenu en ligne» traitera des questions plus vastes telles que la gestion des droits de propriété intellectuelle à l'ère numérique ;

o *en 2008* : 2 millions de livres, films, photographies, manuscrits et autres œuvres culturelles accessibles via la bibliothèque numérique européenne ;

o *en 2010* : au moins 6 millions de documents disponibles ; et chaque bibliothèque, archive ou musée d'Europe sera potentiellement en mesure de relier ses ressources numériques à la bibliothèque numérique européenne.

o La Bibliothèque nationale de France (BnF) a indiqué dans un communiqué qu'elle « *se réjouit* » de ces décisions et « *poursuit son action pour que la contribution française à ce projet qu'elle a ardemment porté soit à la mesure de l'enjeu* ».

- Communiqué de presse, *La Commission européenne intensifie les efforts pour mettre en ligne la «mémoire de l'Europe» via une bibliothèque numérique européenne*, le 2 mars 2006,

- Communiqué de presse, BnF, *Lancement de la Bibliothèque numérique européenne*, le 2 mars 2006,

- Article *Bruxelles fixe la feuille de route de la Bibliothèque numérique européenne*, de Estelle Dumout, le 3 mars 2006, ZDNet France,

- **2 mars 2006** : la **British Library** (BL, bibliothèque nationale britanique), a annoncé le 2 mars la mise en place dans l'outil de recherche **Google Scholar** de réponses incluant ses documents, avec la posisbilité de les obtenir depuis son service de commande en ligne, British Library Direct.
  - o Le site de la British Library, en anglais http://www.bl.uk
  - o Google Scholar, en anglais, http://www.scholar.google.com
  - o Communiqué de presse, *Discovery to desktop delivery. British Library desktop document delivery now available via Google Scholar*, le 2 mars 2006, en anglais, site de la British Library,
  - o British Library Direct, en anglais, http://direct.bl.uk

- **17 mars 2006** : le premier jour du salon du livre 2006, une conférence avait lieu, intitulée *Bibliothèques numériques : quels projets ? quels enjeux ?*. Elle réunissait Jean-Noël Jeanneney (Président de la Bibliothèque nationale de France), Mats Carduner (Directeur Général de Google France) et un représentant de l'OCA (Open Content Alliance). Ce fut l'occasion d'échanges particuliers qui seront développés.

- **24 mars 2006** : la BnF publie un communiqué de presse intitulé *La francophonie à l'heure du numérique*. Y est annoncé que 6 bibliothèques nationales se sont réunies le 28 février : il s'agit de celles Belgique, Canada, France, Luxembourg, Québec et Suisse. Elles ont décidé de mettre en place un réseau de bibliothèques numériques.

- **27 mars 2006**: la Commission européenne organise **la première réunion du groupe d'experts** de haut niveau sur les bibliothèques numériques. Le communiqué de presse indique que 20 experts ont été désignés : la liste comprend Arnaud Nourry (Hachette Livre) et Frank E. Dangeard (Thomson) côté français et aussi des personnes des bibliothèques, d'Internet, d'entreprises, de télévision. Viviane Reding, commissaire responsable de la société de l'information et des médias, a présidé cette réunion.

- o Le communiqué de presse, *Un groupe d'experts de haut niveau conseille la Commission européenne sur la création de la bibliothèque numérique européenne*, le 27 mars 2006,

- **11 avril 2006** : des annonces de **Microsoft avec la British Library**. Microsoft a annoncé le lancement de son service de recherche *Live Academic* au sein de son site Live.com. Il intègre un certains nombre de ressources dans lesquelles les recherches sont effectuées, dont les publications de nombreuses structures ou éditeurs (comme l'IEEE, l'ACM ou Elsevier) et aussi de la British Library (BL). La BL ne fait pas partie du projet de bibliothèque numérique européenne, mais du projet OCA lancé par Microsoft et Yahoo!.
  - o Site Live.com, en anglais, http://www.live.com

- **25 mai 2006** : article *Vers la très grande bibliothèque numérique, par Jean-Noël Jeanneney* dans le journal *Le Monde*, « *Un dernier mot. Si j'ai cru efficace d'engager l'aventure dans le cadre de l'Europe, il n'est pas question de négliger la francophonie (pas plus que ne le feront le Portugal et l'Espagne pour leurs langues respectives). Nous avons donc fondé à Paris, tout récemment, un réseau des bibliothèques patrimoniales francophones pour la numérisation, qui recouvre partiellement le premier : Belgique, Canada, France, Luxembourg et Suisse ; il s'élargira bientôt à d'autres pays, selon des cercles concentriques.* »

- **31 mai 2006** : de 14h à 16h, conférence au salon i-expo avec Jean-Noël Jeanneney, Président de la Bibliothèque nationale de France pour la BNUE (Bibliothèque numérique européenne), Julien Masanes de European Archive, représentant du projet OCA (Open Content Alliance) et Jens Redmer, responsable du service Google Recherche de Livres en Europe pour le projet Google Books.

- **8 juin 2006** : 18h30, *La Table à Palabres* de l'Organisation Internationale de la Francophonie (OIF) reçoit Lise Bissonnette et Jean-Noël Jeanneney sur le thème *La bibliothèque numérique francophone*

- **fin juin 2006** : *L'édition allemande retire sa plainte contre Google*

- **9 août 2006** : accord entre **l'université de Californie** et Google pour *Google Books* ; la bibliothèque de l'université de Californie est déjà impliquée dans le projet de bibliothèque numérique OCA.

- **25 septembre 2006** : manifeste de la British Library à propos de la propriété intelectuelle, *British Library launches IP manifesto,*
- **26 septembre 2006** : l'université Complutense **de Madrid** rentre dans le projet Google.

- **14 novembre 2006** : l'université **de Virginie** rentre dans le projet Google,

- **7 décembre 2006** : à la BnF, matinée pour faire le point sur le BnuE : **annonce** du site *Europeana* et présentation d'une maquette

- **janvier 2007** : la BnF **recrute** pour *Europeana* avec 8 fiches de postes en ligne sur son site

- **9 janvier 2007** : signature entre la BnF et France Telecom d'un **protocole d'accord** à propos de la BnuE, annoncée sur le site de la BnF

- **19 janvier 2007** : la bibliothèque de **l'université du Texas** à Austin a annoncé rejoindre le projet de blibliothèque numérique de Google ; c'est **la 11e** structure.

- **22 janvier 2007** : les **2 ans** de l'article de Jean-Noël Jeanneney *Quand Google défie l'Europe*

- **25 janvier 2007** : annonce de la signature d'un accord entre **France Télécom et la Bibliothèque nationale de France** (BnF) à propos de la Bibliothèque numérique européenne (BnuE)

- **5 février 2007** : La bibliothèque de l'université de Princeton rejoint Google. Il s'agit de la **12e bibliothèque** du projet, la deuxième de l'année 2007

- **23 au 27 mars 2007** : Salon du Livre, et lancement public de la Bibliothèque numérique européenne (BnuE).

- **23 au 27 mars 2007** : Salon du Livre, et lancement public de la Bibliothèque numérique européenne (BnuE).

How does Google collect and rank results?

One of the most common questions we hear from librarians is "How does Google decide what result goes at the top of the list?" Here, from quality engineer Matt Cutts, is a quick primer on how we crawl and index the web and then rank search results. Matt also suggests exercises school librarians can do to help students.

Crawling and Indexing

A lot of things have to happen before you see a web page containing your Google search results. Our first step is to crawl and index the billions of pages of the World Wide Web. This job is performed by Googlebot, our "spider," which connects to web servers around the world to fetch documents. The crawling program doesn't really roam the web; it instead asks a web server to return a specified web page, then scans that web page for hyperlinks, which provide new documents that are fetched the same way. Our spider gives each retrieved page a number so it can refer to the pages it fetched.

Our crawl has produces an enormous set of documents, but these documents aren't searchable yet. Without an index, if you wanted to find a term like *civil war,* our servers would have to read the complete text of every document every time you searched.

So the next step is to build an index. To do this, we "invert" the crawl data; instead of having to scan for each word in every document, we juggle our data in order to list every document that contains a certain word. For example, the word "civil" might occur in documents 3, 8, 22, 56, 68, and 92, while the word "war" might occur in documents 2, 8, 15, 22, 68, and 77.

Once we've built our index, we're ready to rank documents and determine how relevant they are. Suppose someone comes to Google and types in *civil war.* In order to present and score the results, we need to do two things:

1. Find the set of pages that contain the user's query somewhere
2. Rank the matching pages in order of relevance

We've developed an interesting trick that speeds up the first step: instead of storing the entire index on one very powerful computer, Google uses hundreds of computers to do the job. Because the task is divided among many machines, the answer can be found much faster. To illustrate, let's suppose an index for a book was 30 pages long. If one person had to search for several pieces of information in the index, it would take at least several seconds for each search. But what if you gave each page of the index to a different person? Thirty people could search their portions of the index much more quickly than one person could search the entire index alone. Similarly, Google splits its data between many machines to find matching documents faster.

How do we find pages that contain the user's query? Let's return to our civil war example. The word "civil" was in documents 3, 8, 22, 56, 68, and 92; the word "war" was in documents 2, 8, 15, 22, 68, and 77. Let's write the documents across the page and look for those with both words.

civil	3	8		22	56	68	92
war	2	8	15	22		68	77
both words		8		22		68	

Arranging the documents this way makes clear that the words "civil" and "war" appear in three documents (8, 22, and 68). The list of documents that contain a word is called a "posting list," and looking for documents with both words is called "intersecting a posting list." (A fast way to intersect two posting lists is to walk down both at the same time. If one list skips from 22 to 68, you can skip ahead to document 68 on the other list as well.)

An exercise for students

Once you see how to intersect two words in an index, it's not hard to do it for three or more words as well. Here's a fun exercise: try to find all the documents below that contain the words "civil" and "war" and "reconstruction."

civil: 1   9 15 19 22 35 38 48 53 55 65 68 73 78 82 88 91 99
war: 15 18 25 29 31 35 37 40 42 46 48 65 75 85 91 96
reconstruction: 35   42   48   64   73   91   95

Ranking Results

Now we have the set of pages that contain the user's query somewhere, and it's time to rank them in terms of relevance. Google uses many factors in ranking. Of these, the

PageRank algorithm might be the best known. PageRank evaluates two things: how many links there are to a web page from other pages, and the quality of the linking sites. With PageRank, five or six high-quality links from websites such as www.cnn.com and www.nytimes.com would be valued much more highly than twice as many links from less reputable or established sites.

But we use many factors besides PageRank. For example, if a document contains the words "civil" and "war" right next to each other, it might be more relevant than a document discussing the Revolutionary War that happens to use the word "civil" somewhere else on the page. Also, if a page includes the words "civil war" in its title, that's a hint that it might be more relevant than a document with the title "19th Century American Clothing." In the same way, if the words "civil war" appear several times throughout the page, that page is more likely to be about the civil war than if the words only appear once.

An exercise for students

Pretend that you're a search engine. Pick a query like *civil war* or *recycling* or whatever you want. Search for the phrase on Google, pick three or four pages from the results, and print them out. On each printout, find the individual words from your query (such as "civil" and "war") and use a highlighter to mark each word with color. Do that for each of the 3-5 documents that you print out. Now tape those documents on a wall, step back a few feet, and squint your eyes. If you didn't know what the rest of a page said, and could only judge by the colored words, which document do you think would be most relevant? Is there anything that would make a document look more relevant to you? Is it better to have the words be in a large heading or to occur several times in a smaller font? Do you prefer it if the words are at the top or the bottom of the page? How often do the words need to appear? See if you can come up with 2-3 things you would look for to see if a document matched a query well. This can help students learn to evaluate website relevance the way a search engine would evaluate it so that they can better understand why a search engine returns certain results over others.

As a rule, Google tries to find pages that are both reputable and relevant. If two pages appear to have roughly the same amount of information matching a given query, we'll usually try to pick the page that more trusted websites have chosen to link to. Still, we'll often elevate a page with fewer links or lower PageRank if other signals suggest that the page is more relevant. For example, a web page dedicated entirely to the civil war is often more useful than an article that mentions the civil war in passing, even if the article is part of a reputable site such as Time.com.

Once we've made a list of documents and their scores, we take the documents with the highest scores as the best matches. Google does a little bit of extra work to try to show snippets – a few sentences – from each document that highlight the words that a user typed. Then we return the ranked URLs and the snippets to the user as results pages.

As you can see, running a search engine takes a lot of computing resources. For each search that someone types in, over 500 computers may work together to find the best documents, and it all happens in under half a second.

Did you know? On April 1, 2002, we spoofed our PageRank algorithm by presenting a detailed explanation of "PigeonRank"

[Answer: Only documents 35, 48, and 91 contain all three words "civil" and "war" and "reconstruction."]

Matt Cutts is a software engineer in the quality group at Google. He spends his days trying to help good sites rank where they should and developing techniques that keep deceptive or spammy sites from showing up in Google's search. He also has a web log at http://www.mattcutts.com/blog/ that often discusses webmaster issues

Europeana

Le projet en seize questions

> Qu'est-ce que la Bibliothèque numérique européenne ?

La Bibliothèque numérique européenne est un projet de **numérisation**, de **mise en ligne** et de **préservation** sur Internet d'un **vaste ensemble d'œuvres européennes** (livres, journaux provenant des bibliothèques nationales dans un premier temps, collections d'autres bibliothèques, de musées et d'archives à terme) via un point d'accès **unique** et **multilingue**.

Elle entend apporter une réponse européenne à la hauteur des enjeux de la diffusion du savoir sur Internet et à la nécessité de ne pas laisser cette mission aux seules mains d'entreprises privées et commerciales, souvent marquées par une influence anglo-saxonne dominante, telles Google Recherche de Livres.

Elle est le reflet de l'ambition partagée par les bibliothèques nationales et les éditeurs européens d'**offrir durablement sur la Toile un site de référence et un outil d'accès à la connaissance accessibles à un très large public.**

Cette initiative vise à associer **financements publics et privés**, pour un accès aisé et gratuit aux **contenus libres de droits**. S'agissant des contenus sous droits, ce projet cherche des **modalités payantes** de consultation dans le **respect rigoureux des droits des auteurs et des éditeurs**, sans léser les intérêts des différents acteurs de la chaîne du livre, notamment les libraires.

> Quel est le rôle de la France dans le projet et quels sont ses partenaires européens ?

L'appel ("Quand Google défie l'Europe") lancé en janvier 2005 dans *Le Monde* par le président de la BnF Jean-Noël Jeanneney, suivi par la publication d'un ouvrage sous le même titre aux éditions *Mille et une nuits* en avril 2005, a largement contribué **à la prise de conscience de l'enjeu politique** que représente le projet de BnuE (Bibliothèque numérique européenne) par l'opinion publique française et européenne.

L'année 2005 a permis d'en **définir les contours et les enjeux**, à la fois au plan français et au niveau européen.

A **l'appel du président Jacques Chirac et de cinq autres chefs d'État ou de gouvernement européens** (Espagne, Allemagne, Italie, Hongrie, Pologne), **les institutions de l'Europe ont rejoint ce mouvement** dès le printemps 2005 avec le soutien de Jean-Claude Juncker, alors président du Conseil européen et de Jose Manuel Barroso, président de la Commission européenne. C'est aussi le cas de **vingt-trois bibliothèques nationales européennes** signataires d'une motion à l'initiative de la BnF appelant à une numérisation large et organisée des œuvres appartenant au patrimoine de l'Europe.

Un comité de pilotage français créé en juillet 2005 a remis le 11 janvier 2006 un livre blanc dont fut issu un plan d'action, présenté en Conseil des ministres le 8 février 2006.

Pour sa part, la Commission européenne a publié en septembre 2005 une communication "i2010 Bibliothèques numériques" ainsi qu'une vaste consultation en ligne La réunion des ministres européens de la Culture des 17 et 18 novembre 2005 a confirmé l'intérêt unanime de nos partenaires.

Sur la base des résultats de sa consultation en ligne, la Commission a ensuite annoncé, dans un communiqué de presse du 2 mars 2006 une intensification de ses efforts "pour mettre en ligne la "mémoire de l'Europe" via une bibliothèque numérique européenne" et indiqué que "cette bibliothèque reposera sur l'infrastructure TEL, qui constitue actuellement la passerelle vers les catalogues des collections de plusieurs bibliothèques nationales et donne accès à toute une gamme de ressources numérisées des bibliothèques participantes".

La Commission a enfin publié, le 24 août 2006, une recommandation sur la numérisation et l'accessibilité en ligne du matériel culturel et la conservation numérique, qui a été approuvée unanimement par le Conseil des ministres de la culture et de l'audiovisuel le 13 novembre 2006.

Soucieuse d'avancer vite et efficacement, la Bibliothèque nationale de France souhaite que la Bibliothèque numérique européenne s'appuie dans un premier temps sur la coopération existante entre les **bibliothèques nationales** organisées au sein de la CENL (*Conference of European National Librarians*). La Commission européenne encourage de son côté, à plus long terme, la coopération avec d'autres institutions patrimoniales (archives, musées etc.) pour préparer une seconde étape du projet, qui a vocation à s'étendre ultérieurement à d'autres documents (images, audiovisuel,…).

> Que trouvera-t-on exactement dans la Bibliothèque numérique européenne?

La Bibliothèque numérique européenne sera une collection organisée **encyclopédique** et **multilingue** constituée d'une sélection de **plusieurs millions de documents en version intégrale** portant sur les grands thèmes fondateurs de l'identité européenne : mouvement de la pensée, patrimoine culturel, démocratie et liberté, construction de l'espace européen.

Les **documents imprimés** (livres, revues et journaux) seront au cœur de la collection, suivis dans un second temps des **archives, documents visuels et audiovisuels** (images, sons, vidéos).

La collection sera constituée non seulement de **documents libres de droits** mais également, en fonction des accords conclus avec les éditeurs, de **documents contemporains,** avec des modalités de consultation assurant le strict respect des droits d'auteurs.

> Quand le site sera-t-il mis en ligne et quel est le calendrier de réalisation ?

La réalisation d'un prototype appuyé sur un sous-ensemble d'environ 10 000 documents est en cours. Il sera mis en ligne en mars 2007 à l'occasion du Salon du Livre.

La BnF a lancé un marché pour la numérisation de 30 000 ouvrages en novembre 2006. Ils seront accessibles avant l'automne 2007. Une consultation pour la passation d'un marché permettant la numérisation de 100 000 ouvrages par an, pendant plusieurs années, est lancée dès janvier 2007, pour atteindre un volume global, pour la contribution française au projet, d'au moins 500 000 ouvrages. Rappelons que la Commission européenne a fixé, en mars 2006, pour l'ensemble de l'Union, un objectif de **2 millions de documents accessibles à distance d'ici à 2008 et de 6 millions d'ici à 2010**.

> **Quels seront les accès et services disponibles dans la Bibliothèque numérique européenne ?**

La Bibliothèque nationale de France a travaillé au cours de l'été 2006 à la réalisation d'une maquette, baptisée **Europeana**, explorant les fonctionnalités possibles d'une bibliothèque numérique moderne, multilingue, grand public et ancrée dans les pratiques les plus contemporaines d'Internet.

Les **accès** aux documents y sont multiples : recherche plein-texte, navigation guidée par facettes ou par thématiques. Les potentialités d'un **moteur** performant y sont étudiées. Une large gamme de **services autour du document** y est proposée : navigation et recherche plein-texte dans le document, impression, téléchargement, création d'un espace personnel, annotation et indexation par l'utilisateur etc. Des services de **personnalisation** et de **participation collaborative** y sont également explorés.

L'ensemble de ces fonctionnalités constitue une **proposition de travail** destinée à alimenter le débat avec les partenaires nationaux et européens ainsi qu'avec les utilisateurs potentiels.

> **Quelle sera l'articulation entre la Bibliothèque numérique européenne et Gallica ?**

Gallica est la **bibliothèque numérique de la Bibliothèque nationale de France**. Elle propose actuellement un accès à 90 000 ouvrages et à plus de 80 000 images. Les documents numérisés par la BnF dans le cadre du projet de Bibliothèque numérique européenne y seront accessibles au fur et à mesure de leur numérisation.

Dans cette perspective, Gallica est en cours de **modernisation : conversion en mode texte** (océrisation) de 60 000 ouvrages déjà accessibles en mode image pour faciliter la recherche plein-texte, **accélération de la numérisation** (30 000 documents supplémentaires, puis 100 000 par an pendant plusieurs années à partir de 2007), **modernisation des interfaces, accès et services**, sur le modèle de la maquette **Europeana**.

La dimension européenne sera également mieux prise en compte dans la sélection des documents.

> **Où en est le projet à l'heure actuelle ?**

Au niveau national, les pays partenaires organisent leurs opérations de **numérisation**. Au niveau européen, la **coopération** entre établissements s'intensifie avec le projet TEL, le portail créé par la CENL. Ce portail a été mis en service en janvier 2005, il permet l'accès aux collections numérisées (notices et documents) de 19 bibliothèques nationales d'Europe. L'objectif des cinq prochaines années est de permettre l'accès aux collections des 45 bibliothèques nationales membres de la CENL.

En France, la Bibliothèque nationale de France, qui a reçu le 2 mai 2006 du gouvernement la responsabilité officielle du pilotage opérationnel du projet, réalise l'océrisation du fonds accessible dans Gallica et a pour objectif de numériser **100 000 documents imprimés** par an pendant plusieurs années à partir de 2007.

La BnF réalise actuellement un **prototype** basé sur la maquette Europeana qui donnera accès dès le printemps 2007 à un sous-ensemble de Gallica constitué d'environ 10 000 documents, auxquels s'ajouteront des ouvrages issus des bibliothèques nationales de Hongrie et du Portugal.

Enfin, la BnF cherche avec les éditeurs français des solutions juridiques et techniques et un modèle économique rendant possible la **mise en ligne de documents contemporains** protégés par les droits d'auteurs.

> **Combien coûte le projet et qui en sont les acteurs ?**

La Bibliothèque nationale de France a commandé au printemps 2006 un test de **numérisation de masse** aboutissant, après comparaison des performances de trois prestataires, à la conclusion satisfaisante d'un coût de 0,09 € par page pour la numérisation et la conversion en OCR (reconnaissance optique de caractères) brut.

La BnF a obtenu en 2006 3,375 M€ qui se décomposent en 3 M€ pour les marchés de numérisation (par "dégel" de crédits) et 375.000 € provenant des crédits ouverts au budget du ministère de la culture et de la communication au titre de la BnuE qui ont servi au financement du test de numérisation de masse ainsi qu'à des équipements informatiques.

En 2007, la BnF attend 10 M€ qui lui seront versés par le CNL (Centre National du Livre) et proviennent de l'élargissement de l'assiette de la redevance sur les appareils de reprographie.
8,3 M€ de dépenses sont d'ores et déjà validés et permettront de financer les marchés de numérisation, d'océrisation, et de contrôle de qualité portant sur 100 000 documents ainsi que l'achat de serveurs et le développement des modules de base du système de préservation et d'archivage réparti (SPAR) qui permet le stockage des données de la BnuE, leur préservation de façon pérenne et leur communication au grand public assorties de fonctionnalités nouvelles et performantes.

Le solde des 10 M€ dont le CNL disposera en 2007 au titre du projet de BnuE doit faire l'objet d'une discussion. A cet effet, le CNL met en place une commission consultative pour la politique numérique qui devrait se réunir pour la première fois en février 2007.

Le coût de la numérisation, de l'OCR et du contrôle qualité varie de 0,065 € à 0,19 € TTC par page selon le type de document (massicoté, relié, microformes), soit, pour un ouvrage de 300 pages, de 19,26 € à 57,29 € TTC. A titre d'exemple, le coût pour un livre relié de 300 pages, en noir et blanc, est de 0,13 € TTC la page, soit 38,63 € TTC.

D'autre part, dans le cadre de son programme "e-content+", la Commission européenne finance à hauteur de **149 M€** pour la période 2005-2008 des projets visant à l'accessibilité en ligne et l'interopérabilité des contenus numériques multilingues. Pour sa part, la BnF, en coopération avec d'autres bibliothèques nationales européennes, dans le cadre de la CENL, a présenté des propositions de réponse à l'appel lancé au printemps dernier.

Des discussions avec les représentants des **éditeurs** sont en cours afin de garantir des conditions satisfaisantes d'accès à des ressources protégées par les droits d'auteurs et de poser les bases d'un **partenariat entre institutions publiques et secteur privé**.

> **Comment et par qui les documents sont-ils numérisés ?**

Dans le cas de la BnF, la numérisation est externalisée auprès de **prestataires** privés spécialisés, choisis après appels d'offres. Des nouvelles technologies dites de **numérisation de masse** ont été mises au point ces dernières années et offrent une solution au changement d'échelle radical induit par le projet de Bibliothèque numérique européenne. Rappelons que jusqu'en 2005, Gallica s'enrichissait de 5 000 à 6 000 documents par an : il s'agit désormais d'en numériser vingt fois plus.

> **Peut-on faire des suggestions de numérisation ou proposer des documents que l'on a soi-même numérisés ?**

Les suggestions sont évidemment possibles et bienvenues. Mais la numérisation dépend de la disponibilité du document et de sa pertinence par rapport aux objectifs documentaires de la bibliothèque numérique. En outre, la numérisation ne se limite pas seulement à l'opération matérielle consistant à scanner un document. Elle renvoie à des questions de politique documentaire, de droits, de standards techniques, qui imposent des traitements spécifiques ne permettant pas aux institutions d'accepter en l'état des documents scannés par un particulier.

> **Faudra-t-il payer pour consulter les documents ?**

La Bibliothèque numérique européenne offrira un **accès gratuit à l'ensemble des collections libres de droits**. Des discussions avec les représentants des éditeurs et des ayant-droits sont en cours pour préciser le mode d'accès aux **documents couverts par les droits d'auteurs**.

> **Quelle est la différence entre la Bibliothèque numérique européenne et Google Recherche de Livres ?**

Le service Google Recherche de Livres annoncé en décembre 2004 donne accès à un ensemble non organisé et non hiérarchisé de documents interrogeables par une recherche plein-texte. Le mode de tri des résultats repose sur un algorithme non transparent pour l'utilisateur et des liens commerciaux sont associés à la recherche.

La bibliothèque numérique européenne sera un **ensemble concerté et organisé de documents** accessibles selon plusieurs modes de recherche, dont la recherche plein-texte. Les résultats seront triés selon des **critères de pertinence transparents** pour l'utilisateur.

> **Quel est le lien entre la Bibliothèque numérique européenne et la bibliothèque numérique francophone ?**

Parallèlement à la Bibliothèque numérique européenne, les bibliothèques nationales de Belgique, du Canada, de France, du Luxembourg, du Québec et de Suisse, réunies à Paris le 28 février 2006, ont ébauché le projet d'une **Bibliothèque numérique francophone**. Elles ont décidé de constituer à cet effet un Réseau Francophone des Bibliothèques Nationales Numériques qui se réunira deux fois par an. La Bibliotheca Alexandrina a rejoint ce réseau en avril 2006.

Les chefs d'Etat et de gouvernement ayant le français en partage réunis les 28 et 29 septembre 2006 à l'occasion du **XIe sommet de la Francophonie à Bucarest** ont soutenu cette initiative et ont appelé l'Organisation internationale de la Francophonie (OIF), les opérateurs et tous les acteurs de la Francophonie "à relever ensemble les défis de l'éducation, notamment à l'aide des technologies de l'information et de la communication." Ils déclarent : "Conscients du potentiel que représentent les collections des bibliothèques pour la présence de la langue française sur Internet, convaincus de l'importance de cette contribution pour l'accès de tous à un patrimoine partagé, nous nous félicitons de l'initiative fondant le Réseau Francophone des Bibliothèques Nationales Numériques. Nous apportons notre appui aux efforts visant à développer ce réseau en rapprochant les bibliothèques fondatrices de celles d'autres pays. " (paragraphe 43 de la déclaration finale).

En 2007, en concertation étroite avec l'OIF, ce réseau s'élargira à des bibliothèques nationales – ou institutions assimilées – des pays du Sud aptes à conduire techniquement et scientifiquement, en liaison avec des partenaires du Nord, des projets substantiels de numérisation portant sur des fonds emblématiques qui seront ainsi mis en ligne à travers un futur portail.

> **Existe-t-il un lien avec le projet Quaero ?**

Le programme Quaero porte sur la conception et la réalisation de solutions de traitement automatique, d'indexation et de recherche d'informations numériques **multilingues** et **multimedia** et devrait aboutir à la réalisation de **portails**, **moteurs de recherche** et autres **applications de mise en ligne** de contenus numériques. Quaero est né de l'initiative des ministres de l'économie allemand et français le 16 novembre 2004 et associe acteurs de l'industrie et de la recherche publique. La BnF participe au consortium mais il n'existe pas de lien direct avec la Bibliothèque numérique européenne.

> **Quand pourra-t-on consulter les ouvrages de cette bibliothèque ?**

Le travail actuellement en cours à la BnF (Gallica augmentée et océrisée, mise en place de nouvelles fonctionnalités, fondées sur une architecture technique profondément renouvelée) permet de prévoir qu'à la fin de l'année 2007, le seul effort français, vraisemblablement démultiplié par une action similaire conduite par un noyau de bibliothèques nationales européennes, donnera accès à environ 150 000 documents.

> **Dans le Domaine technologique, le projet de Bibliothèque numérique européenne fera-t-il appel à des partenariats avec des entreprises privées ?**

Compte tenu du caractère à la fois ambitieux et novateur du projet de BnuE, la BnF a été sollicitée par plusieurs entreprises, désireuses d'apporter leur contribution. Les premières discussions ont abouti le 9 janvier 2007 à la signature d'un protocole d'accord avec France Télécom qui marque l'engagement de cet opérateur national et européen aux côtés de la BnF pour développer et promouvoir le patrimoine culturel numérique de la France et du continent européen, en apportant une expertise technologique en matière d'organisation des documents, d'accès aux résultats, de techniques de traitement des langues,... Cette coopération contribuera à offrir à un large public un accès simple aux documents numérisés (mode image et mode texte).

Bibliographie

Ouvrages imprimés

- Jean-Noël JEANNENEY, *Quand Google défie l'Europe : Plaidoyer pour un sursaut*, Mille et une nuits, 2ème édition, Paris 2006.
- Barbara CASSIN, *Google-moi : La deuxième mission de l'Amérique*, Albin Michel, 1ère édition, Paris 2007.
- Daniel ICHBIAH, *Comment Google mangera le monde* , L'Archipel, 1ère édition, Paris 2007.

Articles de périodiques imprimés ou en ligne

- Thomas SOTINEL, *Le Président de la bibliothèque nationale de France "salue la sagesse de Google"*, Le Monde ,16 août 2005.
- Le Figaro Economie, *Bibliothèque universelle : Google recule*, Le Figaro Economie, 15 août 2005
- Claudine MULARD, *Le moteur de recherche Google va-t-il trop loin?*, Le Monde , 31 mai 2005
- Philippe GAVI (avec SIBONY Judith), *Une bibliothèque pas si rose ?*, par Nouvel Observateur, 19 mai 2005
- *Google fait l'union européenne, Livres Hebdo,* 6 mai 2005
- Eric BIETRY-RIVIERRE, *Les Européens unissent leurs forces pour créer une bibliothèque virtuelle*, Le Figaro économie, 5 mai 2005
- Bruno MASI, *L'Europe en ligne pour sa bibliothèque*, Libération, 4 mai 2005
- Emmanuel DE ROUX, 19 bibliothèques en Europe signent un manifeste pour contrer le projet de Google, Le Monde, 28 avril 2005
- Séverine NIKEL, *Relevons le défi de Google*, L'Histoire, avril 2005
- Olivier LE NAIRE, *Faut-il avoir peur de la Bibliothèque virtuelle?*, L'Express – 28 mars 2005
- Frédéric PONS, *La BnF défie le géant Google*, Valeurs actuelles, 25 mars 2005
- Charline VANHOENACKER & Jean-Claude VANTROYEN, *Une bibliothèque à 500 millions d'euros*, Le Soir – 23 mars 2005

- Emmanuel DE ROUX & Béatrice GURREY, *Jacques Chirac veut relever le défi culturel de Google*, Le Monde, 17 mars 2005

- Friederike Tiesenhausen CAVE, *Aux armes, citoyens ! Pour un internet européen !*, Financial Times, 14 mars 2005

- Emmanuel DE ROUX, *L'intelligence, l'innovation ne sont pas seulement outre-Atlantique !*, Le Monde, 5 Mars 2005

- Alexandre FACHE, *L'appel de Jean-Noël Jeanneney*, L'Humanité, 1er

- mars 2005

- B. Quint, *Google's Library project : questions, questions, questions*, Information today, 27 décembre 2004.

- ALEX, *Google Book : livres libres de droit en .pdf*, Clubic, le 30 Aout 2006, http://www.clubic.com/actualite-38006-google-book-livres-libres-de-droit-en-pdf.html

- ATELIER BNP PARIBAS, Europeana: la Babel européenne à l'assaut de l'empire Google, ATELIER.FR, 02 février 2007

- http://www.atelier.fr/institutions/europeana.babel.europeenne.assaut.empire.google-33793-41.html

- Charles OPPENHEIM, Daniel SMITHSON, *What is the hybrid library ?*, Journal of information sciences, , vol. 25, n°2 1999

- Anne Confolant, *De la start-up à l'empire Google*, ATELIER.FR, 10 octobre 2006, http://www.atelier.fr/medias-loisirs/start-up.empire.google-33270-30.html

- Abondance Actu, *Google Book Search : 12 nouvelles bibliothèques rejoignent le projet*, Abondance, http://actu.abondance.com/2007-24/google-cic.php , 18 juin 2007

- Christian Rioux, *La bibliothèque virtuelle sera-t-elle en anglais?* , Le Devoir, http://www.vigile.net/archives/05-2/langue.html, 23 février 2005

- Lekti-ecriture.com, *L'Open Content Alliance*, Lekti-ecriture.com, http://www.lekti-ecriture.com/bloc-notes/index.php/2005/12/30/12-l-open-content-alliance, 30 décembre 2005.

- Julien LEFEBVRE, *Mi-2007 : Windows Live Book Search*, infos-du-net.com, http://www.infos-du-net.com/actualite/8421-windows-live-book.html, 19 novembre 2006

Sites web

- SITE OFFICIEL DE GOOGLE, société Google, *A propos de Google*, http://www.google.fr , 1er juin 2007

- SITE GOOGLE BOOKS SEARCH, société Google, http://www.books.google.fr , 22 juin 2007

- SITE OFFICIEL DE EUROPEANA, BNF, http://www.europeana.eu , 25 juin 2007
- BLOG OFFICIEL DE GOOGLE BOOK SEARCH, société Google, http://booksearch.blogspot.com , 30 Mai 2007
- SITE DE GALLICA, BNF, http://gallica.bnf.fr/ , 10 juin 2007
- SITE DE LA Bibliothèque Nationale DE France, BNF, http://www.bnf.fr, 3 juin 2007
- ZORGLOOB : LE SITE 99% GOOGLE, http://www.zorgloob.com , 25 juin 2007
- BULTEIN DES BIBLIOTHEQUES DE FRANCE, Ecole nationale supérieure des sciences de l'information et des bibliothèques, http://bbf.enssb.fr , 25 Mai 2007
- ENCYCOLPEDIE WIKIPEDIA, http://www.wikipedia.org/ , 13 juin 2007
- Gutenberg Project, Michael Hart , http://www.gutenberg.org , 26 mai 2007
- ABU : la Bibliothèque universelle, les membres bénévoles de l'Association des Bibliophiles Universels, http://abu.cnam.fr/, 19 mai 2007
- LA BIBLIOTHEQUE ELECTRONIQUE DE LISIEUX, Médiathèque André Malraux de Lisieux, http://www.bmlisieux.com/, 19 mai 2007
- THE NEWTON PROJECT, University of Sussex , http://www.newtonproject.sussex.ac.uk/prism.php?id=1 , 20 mai 2007
- WEB RANK INFO , http://www.webrankinfo.com/ , 4 juin 2007
- Affordance.info Le blog d'un maître de conférences en sciences de l'information, http://affordance.typepad.com/ , 2 mai 2007
- Google Operating System : Unofficial news and tips about Google™, http://googlesystem.blogspot.com/ , 13 mai 2007
- OPEN CNONTENT ALLIANCE, http://www.opencontentalliance.org/, 2 juin 2007
- Live Search Books, http://search.live.com/results.aspx?q=&scope=books, 12 juin 2007
- Bibliotheca universalis, http://www.culture.gouv.fr/g7/index.html, 17 juin 2007

Documents audiovisuels divers «sur» le sujet

- *Papa..Maman..Google et moi*, émission de radio, 1 heure, samedi 14 avril 2007, Masse critique : le magazine des industries culturelles par Frédéric Martel, France Culture.

- *Europeana*, émission de radio, 1 heure, 29 mars 2007, Service public, par Isabelle Giordano et Yves Decaens, France Inter

- *Le Monde selon Google*, Reportage télévisé réalisé, 47 minutes, 14 mars 2007, réalisé par *IJsbrand van Veelen* , diffusé sur la chaîne planète (www.planete.tm.fr).

- *Europeana, le projet de bibliothèque numérique européenne face à Google*, émission de radio, 1 heure, samedi 17 février 2007, Masse critique : le magazine des industries culturelles par Frédéric Martel, France Culture.

Travaux universitaires

- Delphine BERRONEAU, Les Bibliothèques Numériques d'hier à aujourd'hui La transmission d'un savoir, Master 2 Ingénierie des Médias pour l'éducation, Université de Poitiers, 2005

Lexique des termes spécifiques

- **Fair-use** : est un ensemble de règles de droit, d'origine législative et jurisprudentielle, qui apportent des limitations et des exceptions aux droits exclusifs de l'auteur sur son œuvre (copyright). Il essaye de prendre en compte à la fois les intérêts des bénéficiaires des copyrights et l'intérêt public, pour la distribution de travaux créatifs, en autorisant certains usages qui seraient, autrement, considérés comme illégaux.

- **ISBN** : est un numéro international qui permet d'identifier, de manière unique, chaque livre publié. Il est destiné à simplifier la gestion informatique du livre : bibliothèques, libraires, distributeurs, etc.

- **Lien hypertexte** : Un hyperlien ou lien hypertexte ou simplement lien, est une référence dans un système hypertexte permettant de passer automatiquement d'un document consulté à un document lié.

- **Métadonnées** : terme utilisé pour définir l'ensemble des informations techniques et descriptives ajoutées aux documents pour mieux les qualifier (ex : Titre, Auteur, Editeur, Description, Mots clés, Type, Droits, Identifications…)

- **Mode image** : Le mode graphique, par opposition au mode texte, est un type d'affichage sur écran constitué de pixels, au lieu de caractères.

- **Mode texte** : Le mode texte, par opposition au mode image, est un type d'affichage sur écran constitué uniquement de caractères.

- **NetVIbes** : est un portail Web français personnalisable, représentatif de ce qu'on appelle le Web 2.0. Netvibes offre à ses utilisateurs un site web personnel constitué par des pages onglets. Ce site est, à toute fin pratique, un portail web individuel qui donne accès à une multitude de services. Chaque service se présente comme un bloc.

- **Numérisation** : la numérisation est la conversion d'un objet réel en une suite de nombres permettant de représenter cet objet en informatique ou en électronique numérique. On utilise parfois le terme franglais digitalisation (digit signifiant chiffre en anglais).

- **OCR** : La reconnaissance optique de caractères (ROC), celui-ci permet de récupérer le texte dans l'image d'un texte imprimé et de le sauvegarder dans un fichier pouvant être exploité dans un traitement de texte pour enrichissement, et stocké dans une base de données ou du moins, sur un support sûr et exploitable par un système informatique.

- **Opt-in** : Terme marketing ou légal qualifiant une adresse courriel. Une adresse courriel Opt In signifie que l'utilisateur de cette adresse a eu préalablement un accord, de la part du propriétaire de l'adresse, pour l'utilisation de cette adresse dans un cadre précis.

- **Opt-out** : Opt Out, terme marketing ou légal qualifiant une adresse email. On parle également de permission marketing. Ce terme est généralement utilisé en marketing direct pour qualifier l'usage d'un fichier email.Une adresse Opt Out est une adresse dont le propriétaire n'a pas refusé, suite à un envoi préalable par email, de faire partie de la liste de diffusion.

- **PDF** : Le Portable Document Format (communément abrégé PDF) est un format de fichier informatique créé par Adobe Systems. La spécificité du PDF est de préserver la mise en forme (polices d'écritures, images, objets graphiques...) telle que définie par son auteur, et ce quelles que soient l'application et la plate-forme utilisées pour lire le dit fichier PDF.

- **Tags** : Le mot tag est un anglicisme qui désigne en informatique : une balise dans un code source, par exemple en HTML ; une balise sémantique ou lexicale, que l'on nomme étiquette ou mot-clé en français, utilisée sur les sites dits de réseaux sociaux Web 2.0.

CORPUS

Europeana : Grille d'étude

Dernière recherche effectuée le 5 juin 2007

Adresse URL		http://www.europeana.eu/
Objectif(s)		Apporter une réponse européenne à la hauteur des enjeux de la diffusion du savoir sur Internet.
Public(s) visé(s)		Public large
Le site	Lieu Géographique du serveur	France
	Nombre des serveurs	Inconnu
	Capacité des serveurs	Millers de Téra-octets
	Pages d'accueil	-Logo Europeana -Outils de recherche sous forme des liens et zone de texte (rechercher par mot clé, thème et critère) - Présentation du site a gauche - Outils de connexion vers un compte personnel à droite
	Rapidité du chargement du site et de ses pages	Avec une connexion ADSL 256kbit/s le site est un peu lent. Ça demande quelques secondes pour afficher les résultats
	Ergonomie du site	Présentation graphique soignée, mais problème de défilement lors de lecture ou bien du déplacement des fenêtres au sein de la page
	Aide	Aide en ligne (bien expliqué avec des images) et rubrique pour expliquer la nature de projet
	Accessibilité	-S'affiche le premier parmi les résultats de Google. -Il ne s'affiche plus parmi les résultats de la première page

		de Yahoo !
	Type d'accès aux documents	-Par mots clés -Par thèmes -Par critères -Par Auteur -Par Langue -Par mode (texte ou image)
	Types d'ouvrage	l'histoire, la littérature, les sciences, la philosophie, le droit, l'économie ou les sciences politiques... (domaine public)
	Mode de présentation	Texte & Image
Les ressources	Ressources proposées	Ouvrages en mode texte et en mode image.
	Nombre de ressources	Europeana rassemble environ 12 000 documents libres de droits issus des collections de la BnF, de la Bibliothèque Nationale Széchényi de Hongrie et de la Bibliothèque nationale du Portugal.
	Outils d'accompagnement	-Envoi vers un ami -Création d'un compte qui permet d'avoir une porte document pour archiver les documents recherchés sur le site (avec possibilité de gestion de contenu) -Recherche dans l'ouvrage -Outils pour affiner la recherche
	Possibilité de téléchargement	Possible en mode Texte/Image
Les Documents	Format des textes	Mode image (format TIFF/PDF) Mode texte (PDF)
	Métadonnée	Possibilité de voir la notice complète des ouvrages (source, auteur,ISBN...)
Originalité du site	Avantage	Outils de recherche et de gestion de contenu performants
	Inconvénients	Difficulté pour lire les ouvrages Utilisation souvent des barres de défilement (haut/bas + droit/gauche)
Responsables	Responsable	La BnF

	Concepteurs du site	Equipe BnF + prestatires extérieurs
	Possibilité de les contacter	Rubrique « donner ton avis » sur le site d'Europeana

Google Recherche de livres : Grille d'étude

Dernière recherche effectuée le 10 juin 2007

Adresse URL		http://books.google.fr/
Objectif(s)		Effectuez des recherches sur l'intégralité du texte des livres afin de trouver ceux qui vous intéressent et de découvrir où les acheter ou les emprunter.
Public(s) visé(s)		Public large
Le site	Lieu Géographique des serveurs	Etats-Unis d'Amérique
	Nombre des serveurs	Plus que 200 milles serveurs
	Capacité de stockage	Plus que 60 peta-bytes (60×10^{15}) caractères
	Pages d'accueil	Identique a celle de moteur de recherche Google.fr
	Rapidité du chargement du site et de ses pages	Avec une connexion ADSL 256kbit/s le est rapide dans tout ses pages
	Ergonomie du site	Présentation graphique simple. Manque du lien de retour dans certaines pages
	Aide	-Aide sous forme de FAQ -une illustration pour expliquer la différence entre les modes d'affichages
	Accessibilité	-S'affiche le premier parmi les résultats de Google. - S'affiche le premier parmi les résultats de Yahoo !
Les ressources	Type d'accès aux documents	-Par mots clés
	Types d'ouvrage	l'histoire, la littérature, les sciences, la philosophie, le droit, l'économie ou les sciences politiques...
	Mode de présentation	Image

	Ressources proposées	Ouvrages en mode texte et en mode image.
	Nombre de ressources	Plus qu'un million de livre pour le moment
	Outils d'accompagnement	-Rechercher une libraire (avec Google Map) -Recherche dans l'ouvrage -Table des matières -Information sur l'éditeur
	Possibilité de téléchargement	Possible seulement en mode image
Les Documents	Format des textes	Mode image (format PDF)
	Métadonnée	Possibilité de voir l'éditeur, le titre, l'auteur et le prix
Originalité du site	Avantage	-Grand nombre de livres et diversité de contenu -Mode plein écran -Site légère
	Inconvénients	Les résultats ne sont pas exactes (on trouve des milliers mais nous n'avons l'accès que pour une centaine)
Responsables	Responsable	Société Google
	Concepteurs du site	Equipe de Google
	Possibilité de les contacter	Non

Les principaux sites de la bibliothèque de Google

Dernière recherche effectuée le 16 juin 2007

Adresse	Etat	Langue
http://books.google.com	Fonctionnel	Anglais
http://books.google.fr	Fonctionnel	Français
http://books.google.es	Fonctionnel	Espagnol
http://books.google.de	Fonctionnel	Allemand
http://books.google.fr	Fonctionnel	Italien
http://books.google.ru	Non fonctionnel	Russe
http://books.google.cn	Fonctionnel	Chinois
http://books.google.ca	Fonctionnel	Canadien
http://books.google.ch	Fonctionnel	Allemand
http://books.google.dk	Non fonctionnel	Danois
http://books.google.fi	Non fonctionnel	Finlandais
http://books.google.hr	Non fonctionnel	Anglais
http://books.google.pt	Non fonctionnel	Anglais

Non fonctionnel : il n'y a que l'interface d'aide mais pas de possibilité de recherche

Table des illustrations

ÉDITIONS UNIVERSITAIRES EUROPÉENNES

Une maison d'édition scientifique

vous propose

la publication gratuite

de vos articles, de vos travaux de fin d'études, de vos mémoires de master, de vos thèses ainsi que de vos monographies scientifiques.

Vous êtes l'auteur d'une thèse exigeante sur le plan du contenu comme de la forme et vous êtes intéressé par l'édition rémunérée de vos travaux? Alors envoyez-nous un email avec quelques informations sur vous et vos recherches à: info@editions-ue.com.

Notre service d'édition vous contactera dans les plus brefs délais.

Éditions universitaires européennes est une marque déposée de Südwestdeutscher Verlag für Hochschulschriften GmbH & Co. KG Dudweiler Landstraße 99 66123 Sarrebruck Allemagne

Téléphone : +49 (0) 681 37 20 271-1
Fax : +49 (0) 681 37 20 271-0
Email : info[at]editions-ue.com
www.editions-ue.com